L'Orgie capitaliste

DANS LA SÉRIE DES ENTRETIENS

AVEC ADRIEN RIVIERRE :

L'Homme est un accident
Entretien avec Enki Bilal
(Belin, 2021)

MARC DUGAIN
Entretiens avec Adrien Rivierre

L'Orgie capitaliste

ALLARY ÉDITIONS
5, RUE D'HAUTEVILLE, PARIS X^e^

Qu'est-ce que le monde s'il s'obscurcit de la sorte ?

Jacques DERRIDA,

De l'esprit. Heidegger et la question, 1990

ENTRETIENS AVEC ADRIEN RIVIERRE

J'ai décidé d'aller à la rencontre d'artistes qui sentent et ressentent notre époque différemment. Cette collection, composée d'entretiens au long cours, crée ainsi un espace-temps où leur pensée entre en résonance avec le monde et ses bouleversements. Grâce à leur liberté de ton et à leur indépendance d'esprit, non seulement ils s'imposent comme des empêcheurs de tourner en rond mais également comme d'infatigables sondeurs des forces qui façonnent notre présent et notre avenir. J'aime penser, à la suite de Régis Debray, qu'ils sont de véritables sismologues du réel. Leur regard, nourri de curiosité et si souvent proche de celui que nous avions enfant, les amène alors à poser la question la plus subversive qui soit : pourquoi ?

Adrien Rivierre

À PROPOS DE MARC DUGAIN

Marc Dugain est l'auteur d'une vingtaine de romans depuis la sortie de *La Chambre des officiers* en 1999. Couronné d'un immense succès de librairie autant que critique avec dix-huit prix littéraires, dont le prix des Libraires, le prix des Deux-Magots et le prix Roger-Nimier, le livre intégrera ensuite les programmes scolaires. En 2001, il sera adapté au cinéma par François Dupeyron et présenté au festival de Cannes en sélection officielle.

L'œuvre de Marc Dugain s'intéresse à l'histoire politique contemporaine, avec par exemple *La Malédiction d'Edgar* sur la vie de John Edgar Hoover, emblématique directeur du FBI pendant quarante-huit ans, *Une exécution ordinaire* (Grand Prix RTL-Lire en 2007) sur le naufrage du sous-marin *Koursk,* qui sert de point de départ à une analyse du pouvoir russe de Staline à Poutine, ou encore *Ils vont tuer Robert Kennedy* (Prix

Joseph-Kessel en 2018) sur le complot ayant mené à l'assassinat du frère de John Fitzgerald Kennedy. Il réalise également une plongée dans les arcanes des pouvoirs politique et économique avec sa saga en trois tomes *L'Emprise,* qu'il compare à une métaphore de l'affaire Karachi. En 2023, dans *Tsunami*, il entre dans la tête du président de la République française pour nous faire partager son quotidien dantesque rythmé par la gestion de crises sans précédent. Depuis mai 2022, il dirige la collection Espionnage chez Gallimard, dans laquelle il signe *Paysages trompeurs*, une intrigue au cœur du renseignement et des techniques de manipulation utilisées dans les affaires sensibles.

Passionné d'histoire, Marc Dugain a réalisé plusieurs longs métrages, dont l'adaptation de son roman *Une exécution ordinaire* et celui de Chantal Thomas *L'Échange des princesses.* En 2020, il s'inspire de l'œuvre de Balzac pour tourner *Eugénie Grandet.* Il s'intéresse également à la mise en scène en créant une pièce de théâtre à partir de la nouvelle d'Anton Tchekhov, *Une banale histoire.*

La révolution numérique et ses bouleversements l'amènent à publier un roman d'anticipation intitulé *Transparence,* et à signer avec le journaliste d'investigation

Christophe Labbé deux essais sur le sujet, *L'Homme nu, la dictature invisible du numérique* (Prix lycéen « Lire l'économie ») et *L'Homme sans contact*.

De 2015 à juillet 2023, il a contribué à l'hebdomadaire *Les Échos Week-End* en partageant son regard acéré sur des événements qui façonnent l'actualité, notamment les chocs climatiques et écologiques. Il a également réalisé des enquêtes comme celle sur le crash du vol MH370, pour *Paris Match*, ou celle sur Xavier Dupont de Ligonnès, pour *Vanity Fair*.

I

L'orgie capitaliste

Hiver 2022. Quelque part en Bretagne…

La Bretagne est-elle le refuge parfait face aux bouleversements en cours ?

C'est une région paradoxale qui proclame son identité haut et fort mais qui, dans le même temps, a complètement épousé le modèle dominant à l'origine des graves ennuis qui se profilent. Agriculture intensive et chimique, complexe agroalimentaire surpuissant, collusion des élites économiques, politiques et administratives, la Bretagne a énormément dégradé ses paysages et son environnement. D'un côté, le berceau de ma famille dans la baie de Saint-Brieuc est souillé par soixante-deux éoliennes et, de l'autre, la quatre-voies entre Saint-Malo et Brest montre une succession d'entreprises dont les lumières sont allumées toute la nuit sans autre raison que de signifier qu'elles sont là. La Bretagne va également devoir gérer l'afflux de tous ceux, touristes ou simplement travailleurs, qui voudront se réfugier dans cette région, où les températures et la pluviométrie restent à peu près supportables. Néanmoins, elle est déjà confrontée à la montée des eaux, et il y a fort à parier que le village qui est juste au-dessous de nous sera submergé d'ici une dizaine d'années, comme les prévisions officielles le montrent. Mais, pour l'instant, on fait un peu comme si de rien n'était…

Je sens ta colère. D'où vient-elle ?

La colère est mauvaise conseillère, mais elle a ses vertus, au même titre que l'indignation qui a souvent été à l'origine de mes livres. Nous sommes une espèce de plus en plus enserrée, au point qu'on peut se demander si cet effet de serre ne nous conduira pas un jour à respirer avec des bouteilles d'oxygène. Au fil du temps, nous avons comme placé dans notre environnement des mines qui explosent les unes après les autres. Elles nous entraînent aujourd'hui dans une spirale inquiétante. En un peu plus d'un demi-siècle, nous avons compromis nos chances de survie en dépassant les limites planétaires. Un demi-siècle ! Et pourquoi ? Pour répondre à des aspirations consuméristes désormais galvanisées et dopées par les nouvelles technologies.

Dans son *Journal d'un curé de campagne*[1], Bernanos suggère que la véritable condition humaine est l'ennui. Pourtant, nous ne parvenons pas à l'accepter. Une fois nos besoins primaires assouvis, nous ne savons plus vraiment quoi faire avec notre conscience et nos pensées. Alors, pour éviter l'ennui et la possibilité de se regarder en face, nous alimentons un récit sur nous-mêmes qui est celui de la satisfaction infinie et immédiate. Et comme nous sommes insatiables, si notre cerveau n'est pas régulièrement récompensé, il déprime et tend à l'autodestruction. Nous savons en effet que la névrose obsessionnelle constitue un rempart sérieux contre la dépression. C'est ainsi que le modèle de production-consommation dans lequel nous vivons a depuis longtemps dépassé les besoins impératifs qui étaient les nôtres dans l'après-guerre. Une fois piégés dans ce cercle vicieux, nous nous persuadons qu'il est impossible d'en sortir car il permet d'assurer la croissance, l'emploi, le progrès… Et, surtout, l'enrichissement infini des détenteurs du capital. Voilà tout bêtement, depuis la révolution industrielle, et particulièrement depuis un demi-siècle, la façon que nous avons de nous récompenser et de satisfaire notre cerveau : avoir toujours plus. Mais, problème, cette impasse matérialiste nous conduit à la destruction pure et simple des conditions mêmes de notre existence.

Comment cette colère s'est-elle forgée ?

Ma prise de conscience date d'il y a un peu plus de

vingt ans, quand je suis sorti du monde des affaires avec le sentiment que courir après toujours plus de profit n'avait pas de sens. C'est le moment où, passé les prophètes comme René Dumont, les intelligences saines, pour reprendre l'expression de l'écrivaine anglaise George Eliot, se sont rendu compte qu'on allait droit dans le mur. Il était encore temps de rectifier la trajectoire. Mais le triomphe de l'ultralibéralisme avec la chute du mur de Berlin, en ouvrant la porte à une globalisation totale, nous a précipités dans une mondialisation des échanges visant à se servir éhontément des pays pauvres pour produire encore plus, à des coûts dérisoires. Dès lors, l'orgie capitaliste et la cupidité qui l'accompagne n'ont plus connu de limites.

Or l'exploitation des énergies carbonées pour prolonger cette grande fête compromet aujourd'hui notre avenir. Et pendant que les lobbies pétroliers, qui avaient parfaitement vu la catastrophe se profiler, gardaient les yeux rivés sur leurs profits, au point d'agir de façon presque criminelle en achetant les brevets d'énergies renouvelables pour les enterrer, les dirigeants politiques, les dépositaires du bien commun, petits marquis de la mondialisation, terrorisés par le chantage à l'emploi, les ont laissés agir, voire les ont encouragés. En France, Jacques Chirac a merveilleusement illustré le cynique immobilisme d'une classe politique relativement vendue à des firmes multinationales. On se souvient bien de sa célèbre phrase : « Notre maison brûle et nous regardons ailleurs. » Mais, ne soyons pas dupes, elle ne sert qu'à donner bonne conscience à ceux qui ne font rien et, pire, espèrent effacer le souvenir douloureux de leur cruelle inaction.

Est-ce le signe d'un manque de courage, voire d'un renoncement de nos dirigeants politiques ?

Aristote écrivait que « le courage est la première des qualités humaines car elle garantit toutes les autres ». Notre classe politique, je parle de la France, ne montre aucun courage devant la catastrophe climatique qui s'en vient violemment, et cela malgré tous les rapports publiés par les Nations unies, le GIEC, des centaines d'associations scientifiques. Les poltrons du pouvoir en sont encore à nous servir des formules comme : « Il ne faut pas d'écologie punitive, juste une écologie incitative. » Tu imagines l'indécence ! C'est comme si tu étais devant ton cancérologue qui vient de te diagnostiquer un cancer avancé et que tu l'entendais te dire : « Bon, on ne va pas aller sur un traitement trop agressif, je vous suggère un mélange d'aspirine et de vitamine C. » Ainsi, au moment même où le réchauffement climatique est devenu critique, Emmanuel Macron a pu arriver à la tête de l'État sans aucune conviction en matière d'écologie. Ce président élu sur un dossier scolaire, sur la promesse d'effacer un clivage politique qu'il a fini par exacerber, aura été le champion du faire-semblant par manque profond d'empathie au regard des souffrances qui touchent une part croissante de la population. Il s'est ébouillanté avec le projet de taxe carbone qui a lancé le mouvement des Gilets jaunes et, depuis, même l'eau tiède le terrorise.

Néanmoins, nos dirigeants politiques ne sont pas les seuls fautifs. Ces dernières années, la lutte entre le bien commun et les intérêts privés des actionnaires des grandes entreprises a été âpre et largement à l'avantage de ces derniers. Leur grande réussite a été de nous endormir sur l'importance vitale de ce qui se jouait, de nous anesthésier par un doux populisme favorisant l'irresponsabilité individuelle. Le citoyen s'est alors complètement affaissé devant le consommateur. La preuve ? Nous nous battons davantage pour le pouvoir d'achat, pour le prix de l'essence, pour défendre notre système de retraite que pour le climat et les enjeux écologiques… C'est-à-dire pour notre survie ! Si j'étais cynique, je dirais même que nos gouvernants et leurs alliés industriels se félicitent que ces sujets n'accaparent pas le débat public.

Penses-tu qu'ils craignent d'affronter les enjeux climatiques et écologiques ?

Oui, et d'ailleurs nous sommes complètement infantilisés, comme si nous ne pouvions entendre la moindre vérité, comprendre la moindre décision, comme s'il fallait à tout prix nous protéger de tout. Nous n'avons plus le temps de nous bercer d'illusions. Maintenant, il faut ouvrir les yeux et affronter les défis qui se dressent devant nous en proposant des méthodes fermes pour rendre ce monde pérenne. Si vous avez peur de vos électeurs autant que des puissants intérêts industriels, alors autant se recycler dans la peinture sur soie ! Emmanuel Macron se plaît à envoyer des signes contradictoires, comme de prêcher en faveur de l'écologie un jour et de nommer le lendemain un ministre de l'Agriculture qui est cul et chemise avec la FNSEA et les chasseurs en battue. La classe politique n'a pas le niveau des enjeux, elle est tout juste bonne à organiser un bruit de fond, et tout cela nous conduit dans les bras d'une extrême droite qui se fout royalement du climat, de l'environnement, de la biodiversité.

L'idée la plus répandue dans les cercles politiques mais la moins avouable c'est qu'il est déjà trop tard et qu'il faut juste espérer que notre génie technologique nous sauve. Plancher sur des aspirateurs à CO_2 pour l'enfouir dans le sous-sol apparaît alors comme une excellente idée… On s'étouffe de rire. L'intelligence saine a perdu la bataille. Dans son roman *Le Premier Homme*, Albert Camus écrit : « Dans certaines circonstances, un homme doit tout se permettre et tout détruire. Mais Cormery avait crié comme pris de folie furieuse : "Non, un homme ça s'empêche. Voilà ce que c'est un homme, ou sinon…" » Nous devons nous empêcher. Rien ne définit mieux ce que nous devrions penser et faire. Or rien n'est plus éloigné de ce que le système de débauche matérialiste propose aujourd'hui.

Comment en sommes-nous arrivés là ?

L'avidité, la cupidité, la déraison ne sont pas des nouveautés liées à la modernité. En revanche, ces tares touchent désormais assez de personnes pour changer le cours de notre histoire. L'origine se trouve dans la conjonction de deux phénomènes qui sont l'accélération du progrès technologique et la sortie d'une période de privation qu'a été la dernière guerre mondiale. Les Trente Glorieuses ont magnifié la croissance infinie dans les pays occidentaux, et celle-ci s'est répandue comme une traînée de poudre après la chute du modèle communiste. Aujourd'hui, le délire consumériste est probablement ce qui unit le plus les peuples du monde entier ! La mondialisation de la production et de la consommation dans les années 1980 provoque également l'effondrement des cultures spécifiques liées à chaque région et même à chaque pays. Alors, quand je vois que, lors de la crise des Gilets jaunes, les gens qui descendent dans la rue, qui ne s'en sortent pas financièrement ou très difficilement, prennent pour symbole de rassemblement un accessoire de sécurité routière, je constate à quel point leur culture a été renversée par le marché. Le sacro-saint « pouvoir d'achat » a tout emporté sur son passage.

Comment expliquer cette victoire écrasante du pouvoir d'achat sur toutes les autres formes de pouvoir ?

Attention, je ne suis pas naïf. Je ne demande pas que chacun d'entre nous devienne un citoyen éclairé doublé d'un philosophe, mais, entre atteindre cet idéal et être un vulgaire consommateur obsessionnel, il y a une marge. Néanmoins, je fais l'amer constat que pour le moment celle-ci continue de s'accroître, alors qu'elle devrait se réduire au plus vite pour faire face aux défis écologiques à venir. Nous sommes rabaissés à notre condition de consommateurs, incapables de réagir à autre chose qu'à une dose journalière de dopamine. Car le drame, qui est précisément la victoire que tu mentionnes, se niche ici, dans ce tour de force du capitalisme néolibéral à flatter certaines parties insatiables de notre cerveau, génératrices de plaisir. Après des décennies d'exploitation de nos désirs, ces derniers étant désormais fabriqués de toutes pièces par les entreprises, nous avons délaissé la civilisation pour le marché. Je parle bien de désirs fabriqués de toutes pièces et non de besoins, car, si ces derniers sont vitaux, les premiers sont superficiels. C'est le grand talent de prestidigitation du capitalisme qui continue malheureusement de nous émerveiller.

Nous ne parvenons même plus à penser le réel autrement que par le prisme de la consommation. Certains défendent par exemple que la crise écologique devrait devenir fun et sexy pour que la population s'y intéresse. Autrement dit, tant que les catastrophes environnementales et civilisationnelles ne divertiront pas les consommateurs avides de sensations fortes, rien ne se passera. Cela veut donc dire que l'écologie finit par apparaître comme une grave menace à la production de dopamine ! C'est sûr que parler de la fin du monde en pleine orgie capitaliste, ça casse l'ambiance.

Marc Dugain considère ce récit du capitalisme consumériste comme une cellule aux barreaux invisibles. Enfermée en son sein, la civilisation est prise en otage dans un système et une idéologie dont elle est pourtant la génitrice. Ce paradoxe, et cette absurdité, constitue un thème transversal de la saga *L'Emprise*, où l'auteur écrit dans le troisième tome intitulé *Ultime Partie* :

« L'être humain s'impose des contraintes issues de constructions intellectuelles qui ne correspondent à rien dans l'univers. Croissance, performance, compétition, marché, on se fouette avec des concepts qui ne sont là que pour justifier notre nature reptilienne et notre incapacité à la dépasser, malgré des milliers d'années de civilisation, de sophistication. »

Ses propos font écho à ceux de Daniel Quinn qui, dans son roman *Ishmael*, publié en 1991, imagine un dialogue socratique entre un gorille, figure allégorique de la sagesse, et un trentenaire en quête de réponses pour comprendre le monde. Conçu comme un conte philosophique, l'ouvrage déconstruit l'idée que l'anthropocentrisme et le système capitaliste néolibéral, qui mènent tout droit à la catastrophe, sont des fatalités. Or cette prise de conscience s'avère complexe, car, étant nous-mêmes les acteurs de cette histoire en cours, nous ne pouvons en distinguer clairement les contours. Elle prend la forme d'une toile de fond, une petite musique que nous finissons par ne plus entendre :

« Ishmael hocha la tête : "C'est parce qu'il n'y a aucun besoin d'en entendre parler, aucun besoin de lui donner un titre ou d'en discuter. Chacun d'entre vous la connaît par cœur dès l'âge de 6 ou 7 ans. Noir ou blanc, homme ou femme, riche ou pauvre, chrétien ou juif, américain ou russe, français ou chinois, vous l'avez entendue sans interruption, car tous les médias utilisés par la propagande ou par l'éducation vous l'ont serinée depuis toujours. Et comme vous l'entendez depuis toujours, vous n'êtes plus en mesure de l'écouter – vous n'avez plus besoin de l'écouter. Elle est toujours là, vibrant en sourdine, lancinante, de telle sorte qu'il n'y a aucune raison d'y prêter attention. [...] Cela ressemble au ronronnement lointain d'un moteur qui ne s'arrête jamais ; cela devient un son que l'on n'entend plus du tout."[2] »

En quoi la consommation est-elle devenue une addiction ?

Depuis les années 1970, nous vivons un naufrage collectif qui s'explique par une tyrannie sans partage de la surconsommation. Cette dernière est si redoutable que la société, c'est-à-dire les liens mêmes qui fondent notre communauté humaine, vole en éclats sous ses effets. Nous ne sommes plus que ce que nous achetons. Il suffit d'observer la panique provoquée par le ralentissement de l'activité économique pendant le confinement. Il fallait sauver le PIB. Toutes les entreprises et tous les États se voyaient mourir en constatant l'effondrement du principal pilier de notre société : la consommation ! C'est pourquoi très vite, après un bref moment de recueillement pour les victimes et les malades, la rhétorique du «si vous arrêtez d'acheter, tout s'effondre» s'est mise en place. C'est ainsi que le monde d'après et les espoirs de réfléchir à des alternatives pour bifurquer se sont fait piétiner par le matérialisme le plus primaire. Si la pandémie a provoqué une crise existentielle, c'est uniquement concernant l'avoir, la possession des choses, et non l'être, ce que nous sommes et où nous allons.

La consommation relève d'une névrose obsessionnelle et représente une addiction à partir du moment où elle devient irrépressible, ce qui est le cas aujourd'hui. Toutes les addictions, le tabac, l'alcool, le sexe, les jeux d'argent, se traduisent par des comportements qui mettent l'individu en risque. Il s'agit d'une relation complexe entre des mécanismes de jouissance immédiate et un processus de destruction à long terme, plus difficilement identifiable car se réalisant petit à petit. Le plaisir sans cesse renouvelé de l'achat nous entraîne dans un comportement névrotique où il devient impossible de s'en passer. C'est d'autant plus perfide s'agissant de la consommation qu'elle avance masquée. Après tout, en quoi l'achat d'un nouveau jean fait de moi un drogué ? Et pourtant, cette répétition de l'acte d'achat symbolise bel et bien le triomphe du capitalisme néolibéral et sa mutation en dealer d'une des drogues les plus dures qui soient.

Est-il possible de stopper une névrose obsessionnelle ?

Le problème, comme je le mentionnais, c'est que le renouvellement infini du plaisir occulte le drame qui se joue dans les coulisses. Nous connaissons tous des exemples de personnes accros qui ont fini par sacrifier leurs familles, tout leur argent, voire leur vie en se libérant de cette emprise par le suicide. Nous sommes précisément dans ce schéma, mais cette fois-ci, situation inédite, le fléau touche le monde entier, huit milliards de personnes ! Certains, comme nous en France, vivent déjà dans l'opulence, et beaucoup d'autres souhaitent nous rejoindre. Or, malheureusement, il ne suffit pas de dire à un alcoolique qu'il s'expose à un cancer du foie, qu'il en a peut-être déjà les signes avant-coureurs, ou même que son médecin le mette en garde, pour qu'il arrête de boire. Dresser la liste des risques encourus et subir des conséquences néfastes font partie de l'addiction et ne constituent donc pas des menaces assez dissuasives. Dès lors, notre addiction à la consommation ne cessera pas malgré l'accumulation des catastrophes environnementales, malgré une connaissance accrue des périls que nous subissons, malgré les chocs qui commencent à menacer notre société et nos familles. Nous devons être très lucides par rapport à ce constat.

Ainsi, comme pour les toxicos, aucune solution miracle n'existe. La rémission nécessite d'emprunter un long chemin où il faut parvenir à changer des dynamiques psychologiques complexes. Concernant la surconsommation, il s'agira notamment de nous prouver que, si nous cessons de consommer frénétiquement, nous ne tomberons pas dans la dépression et que nous pourrons trouver d'autres sources d'épanouissement que la satisfaction apportée par l'amoncellement matériel. Il faudra parvenir à se raconter une histoire totalement différente sur nous-mêmes et le monde, nous y reviendrons.

Comment la révolution numérique agit-elle sur cette addiction ?

Le numérique, c'est de l'héroïne ! Il permet de réaliser le rêve ultime de tout dealer, celui de la disponibilité immédiate de la marchandise. Le business model des géants du numérique repose sur l'exploitation de notre impatience. Or, comme nous avons cette prédisposition à satisfaire nos désirs toujours plus vite et en faisant toujours moins d'efforts, nous cédons à la livraison en vingt-quatre heures d'Amazon et nous scrollons frénétiquement nos écrans à longueur de journée. Cette compression du temps dont chacun fait l'expérience au quotidien change radicalement notre rapport au monde, nos façons de penser et nos comportements. Nous vivons ainsi une désynchronisation totale entre nos rythmes biologiques, ceux de l'espèce humaine et ceux que le numérique veut nous imposer. Nous pensons pouvoir suivre la cadence, mais nous nous épuisons, individuellement et collectivement.

Pourtant, les partisans du numérique te répondraient qu'il s'agit là de progrès enthousiasmants.

Emmanuel Macron a eu cette phrase définitive à propos de la 5G qui illustre de façon extraordinaire l'absence de pensée de nos politiques. Alors que, à juste titre, des citoyens se posaient des questions sur la nécessité de déployer ce nouveau réseau, lui qui n'est pas avare de son mépris les a fustigés au nom de la supériorité du progrès en les assimilant à la secte Amish et en opposant cette communauté, fondée sur la sobriété, à l'esprit des Lumières[3]. Même les Chinois pensent davantage le progrès que lui. Ils sont capables de limiter le temps d'accès des enfants à leur téléphone portable, pas lui, car il n'a aucune vision prospective du numérique. Il est face au progrès dans une béatitude qui en fait l'allié inconditionnel des entreprises du secteur, qui œuvrent toutes contre l'intérêt général par la montée de l'impulsivité, de l'impatience, du passage à l'acte incessant. Les géants du numérique adorent ce genre de dirigeants politiques exaltés qui confortent leur vision libertarienne et la perspective évidente que l'intelligence artificielle va les remplacer. Nous avons d'ailleurs choisi ce président exactement comme une IA qui aurait toutes les réponses mais qui ne se donne pas la peine d'avoir des convictions puisque le marché est le véritable chef d'orchestre. Il n'a aucune connaissance de la France profonde et n'a aucune empathie pour ceux qui l'ont élu. Quand il est piégé par la pandémie de la Covid-19, il fait marcher la planche à billets et creuse le déficit public pour remettre les marchés de biens à flots. Et quand les marchés financiers s'inquiètent de notre surendettement, il les calme par une réforme des retraites qui aura une faible incidence sur notre dette.

Je reviens à ta question. Les géants du numérique sont avant tout fascinés par la prouesse technique de leurs outils. La numérisation du monde, l'intelligence artificielle, la géo-ingénierie sont leurs arguments pour nous convaincre de ne pas nous inquiéter quant à la crise écologique en cours. Pour eux, seules les technologies peuvent nous sauver, surtout pas un surcroît d'humanité ! Il ne faut pas chercher les réponses en soi et cheminer intérieurement mais se tourner vers des solutions hors de nous, hors de notre corps et de notre esprit. À longueur de journée, nous ingurgitons cette rhétorique désolante. Et s'opposer à une telle vision reviendrait à se situer immédiatement dans le camp des rétrogrades et des réactionnaires ? Ils ont tranché pour nous, car la résistance à ce techno-solutionnisme primaire constitue une posture politique si engagée que le système nous isole immédiatement.

Les progrès technologiques et numériques se font-ils toujours au détriment du progrès humain ?

Il n'existe pas de lien de cause à effet, bien sûr. En revanche, le numérique des GAFAM et de la Silicon Valley menace ce qui fait notre qualité humaine. En particulier notre sens critique, qui n'est plus le produit d'un esprit formé et informé mais d'un esprit totalement conditionné, tout juste bon à se révolter sporadiquement. À l'instar des Gilets jaunes qui ont été incapables de formuler une alternative à cette nasse dans laquelle nous sommes désormais prisonniers, nous ne parvenons plus à nous extraire du piège qui se referme sur nous, hormis par des vociférations et des bouffées de complotisme.

Aussi extraordinaire que cela puisse paraître, personne n'est aujourd'hui en mesure de menacer idéologiquement le système dans lequel nous vivons. Et il est à craindre, à plus ou moins longue échéance, que ce sentiment d'impuissance soit le ferment d'actions sporadiques très violentes. L'agriculture commence à en être le théâtre. Les agriculteurs ont été bernés par un modèle auquel ils s'accrochent parce qu'ils ont été réduits à n'être que des conducteurs d'engins, à épandre des produits chimiques, à pomper des quantités considérables d'eau pour arroser le maïs nécessaire à leurs bêtes. Ils ont été sciemment poussés à investir et à s'endetter. Par ailleurs, ils ont perdu leur dignité en vivant sous la pression de grands distributeurs et en équilibrant, à peine, leur modèle économique avec des subventions européennes. Et, ultime humiliation, les gouvernements leur collent des ministres qui les confortent dans ce modèle, parce qu'ils en sont les complices et qu'ils n'éprouvent aucune honte à mettre en application une politique en totale opposition aux recommandations écologiques et climatiques.

Alors, forcément, vient un moment où ceux qui ne voient aucune bonne volonté envers le climat s'indignent et se crispent d'autant que la prolifération des mots pousse à la violence. Emmanuel Macron, sophiste en chef, parle indéfiniment comme un énarque rompu à la synthèse apparemment brillante, mais qui finalement porte comme une brise d'été sur un bloc de béton. Et, pendant ce temps, c'est la stratégie de l'inaction. Pire, du faire-semblant. Que chaque écolier plante un arbre et ça irait tellement mieux ? Cet exemple montre bien le niveau atteint par l'infantilisation et le mépris du peuple ! Or il commet une grave erreur en sous-estimant l'intelligence de ceux qu'il gouverne, l'intelligence de chacun d'entre nous. J'en veux pour preuve que, quand vient le premier hiver de la guerre en Ukraine, les Français ont réduit en quelques semaines leur consommation d'hydrocarbures de 10 %... Mais, aussitôt la crise passée, personne au sommet de l'État n'a agi pour consolider cette attitude positive. Bien au contraire.

Mais les progrès technologiques et numériques ne permettront-ils pas, justement, de trouver des solutions aux problèmes actuels et à venir ?

Je ne vois pas bien l'intérêt d'une société où la majorité des innovations ne servirait qu'à réparer les méfaits des innovations précédentes. Le cas de l'obésité est le plus flagrant. La surconsommation d'aliments nocifs a pris des proportions inquiétantes, en particulier chez les personnes à faibles revenus droguées au sucre, au sel et au gras. Plutôt que d'agir sur les causes de l'obésité et de risquer la régression d'un marché extrêmement rémunérateur qui est celui de la malbouffe, on préfère laisser ce marché se développer tout en favorisant un autre marché qui est celui des médicaments pour contrer les effets du surpoids, des maladies cardiovasculaires et du diabète. Ce court raisonnement résume l'essence même du système qui est le nôtre. En suivant une logique similaire, plutôt que de baisser drastiquement nos émissions de CO_2, ce qui aurait pour effet de briser quelques marchés très lucratifs, nous pensons plutôt à les capter, à les enfouir, à les déporter ailleurs.

En découvrant la grille de lecture de Marc Dugain, je me suis rapidement interrogé sur la nostalgie qu'il pourrait ressentir. Or, non seulement ce mot n'apparaît jamais dans ses propos, mais il ne cherche jamais à comparer et encore moins à hiérarchiser les époques. Il ne s'agit pas pour lui d'affirmer que c'était mieux avant mais, au contraire, d'avoir le courage d'affronter le réel tel qu'il est.

Plus fondamentalement encore, Marc Dugain est étranger à toute conception progressiste de l'Histoire. Autrement dit, il n'approche pas le réel, passé, présent comme futur, à l'aide d'une flèche du temps. Dans son ouvrage, *Le Grand Récit. Introduction à l'histoire de notre temps*, le professeur d'histoire Johann Chapoutot explique qu'en Occident, cette approche dérive du christianisme : « Par rapport au temps cyclique des Grecs, il n'est pas certain que le temps vectoriel des chrétiens, plus tard laïcisé sous la forme du "progrès", soit un cadeau. C'est même tout le contraire car l'homme, le long de ce vecteur, passe et s'épuise, il naît, se corrompt et meurt. Comme disait Nietzsche à propos du péché, cependant, le christianisme, ou plutôt l'Église, administre à la fois le poison (l'irréversible finitude, sans possibilité de retour) et l'antidote (la Bonne Nouvelle de la vie éternelle et de la résurrection)[4]. »

Marc Dugain cherche à s'extraire de cette matrice de sens afin de la remplacer par une attention sincère à l'être humain, ses joies, ses peines, ses espoirs, ses douleurs. Or tous ces sentiments sont atemporels et anhistoriques. Ils animent les hommes et les femmes de toutes les époques et de tous les lieux. Cette conception opère ainsi un rapprochement de toute la communauté humaine qui peut se reconnaître à travers des valeurs et idéaux immuables.

Et ce ne sont pas les défis actuels qui changent le constat de Marc Dugain, comme il l'a exprimé dans une chronique pour le journal *Les Échos,* intitulée « Notre vrai ennemi » : « Comme souvent dans l'histoire de l'humanité, même si la nature se manifeste parfois cruellement sous forme d'épidémie, de tremblement de terre, de météorite ou d'éruption volcanique, il n'en demeure pas moins que notre pire ennemi, c'est nous. » Autrement dit, nous sommes le *pharmakon*, à la fois remède et poison de notre destin.

Ivan Illich, penseur de l'écologie politique et virulent critique de la société industrielle, affirmait dans son livre intitulé *La Convivialité* : « Les symptômes d'une crise planétaire qui va s'accélérant sont manifestes. On en a de tous côtés cherché le pourquoi. J'avance pour ma part l'explication suivante : la crise s'enracine dans l'échec de l'entreprise moderne, à savoir la substitution de la machine à l'Homme. Le grand projet s'est métamorphosé en un implacable procès d'asservissement du producteur et d'intoxication du consommateur. La relation de l'Homme à l'outil est devenue une relation de l'outil à l'Homme. [...] La solution de la crise exige une radicale volte-face : ce n'est qu'en renversant la structure profonde qui règle le rapport de l'Homme à l'outil que nous pourrons nous donner des outils justes. L'outil juste répond à trois exigences : il est générateur d'efficience sans dégrader l'autonomie personnelle, il ne suscite ni esclaves ni maîtres, il élargit le rayon d'action personnel. L'Homme a besoin d'un outil avec lequel travailler, non d'un outillage qui travaille à sa place. Il a besoin d'une technologie qui tire le meilleur parti de l'énergie et de l'imagination personnelles, non d'une technologie qui l'asservisse et le programme[5]. » Ce texte date de 1973 !

Nous sommes les esclaves de nos technologies et du numérique. Nous vivons aujourd'hui l'apogée d'une escroquerie fondatrice de notre civilisation qui est la libération de l'homme par la machine. C'est le contraire qui se produit. Si on veut dégager une tendance sur l'avenir, et elle se dessine déjà, c'est bien sûr l'asservissement de l'homme à la machine et demain peut-être, si nous ne réagissons pas, son remplacement par l'intelligence artificielle. Je me souviens de discussions dans les années 1980 sur le fait que la machine allait complètement nous libérer, nous laisser un temps libre infini pour pouvoir nous élever spirituellement. Il est vrai que la machine, le robot nous ont avantageusement remplacés dans bien des tâches pas très valorisantes, mais finalement il faut toujours autant travailler pour acheter toujours plus d'objets produits par d'autres machines qu'il faut rentabiliser. D'un cercle vertueux, nous avons fait un cercle vicieux. Certes, le smartphone nous facilite largement la vie, mais en contrepartie il nous asservit. Il est d'ailleurs remarquable de constater que l'avènement du smartphone correspond à l'effondrement des frontières entre le temps consacré à son travail et celui consacré à sa vie privée. Nous avons créé un outil d'intrusion endémique qui fait que le temps de travail effectif ou de disponibilité ne connaît plus de limites. Cet engin a complètement révolutionné les rapports entre individus et a changé le cours de notre civilisation. Il prime sur nous. Il crée un état d'anxiété et de veille permanent qui s'imposera toujours au présent vécu. Combien de fois la réception d'un sms lors d'un déjeuner ou d'un dîner prime sur la conversation en cours ? La machine s'est imposée tout en haut de la hiérarchie de l'attention, ses appels comptent davantage que le moment vécu et les interlocuteurs physiquement présents.

Penses-tu ainsi, comme a pu le développer le philosophe Éric Sadin dans *L'Intelligence artificielle ou l'enjeu du siècle. Anatomie d'un antihumanisme radical*[6], que nous vivons un nouveau stade du développement numérique qui serait celui de la coercition ?

Les conditions de travail et les dispositifs technologiques utilisés dans les usines Amazon n'ont rien à envier aux *Temps modernes* de Chaplin, mais cette fois-ci l'histoire se déroule au XXIe siècle. Rien n'a changé, absolument rien ! L'être humain demeure encore et toujours sacrifié. Et le cauchemar va se poursuivre. Les géants du numérique peuvent déjà prédire la quantité de chaque aliment que nous devons manger et les commander automatiquement pour remplir nos réfrigérateurs. Demain, ils vérifieront notre consommation d'alcool et revendront les données à nos banquiers, qui ajusteront alors le taux auquel ils nous prêteront de l'argent. Après-demain, ils nous connaîtront si bien qu'ils nous livreront des produits que nous n'avons même pas commandés. Et je fais le pari qu'une majorité de gens les garderont, car ils considéreront que cet envoi anticipé est pertinent.

Ce qui continue de me fasciner, c'est comment, sous couvert de praticité, d'utilité, de rapidité et d'efficacité, ces entreprises privées parviennent à contrôler nos vies. Cette croyance libertarienne dans un prétendu progrès emporte absolument tout sur son passage, y compris ce qui fait de nous des êtres humains. Car jamais l'idée d'un tel esclavage moderne ne semble nous venir à l'esprit. L'Homme n'est pas naturellement un loup pour l'Homme, mais il le devient quand un système de production et de consommation exploite, sans scrupules, le fonctionnement de son cerveau. Notre humanité a été kidnappée par un système économico-numérique dont nous sommes les créateurs !

Au fond, nous parlons ici de la mise en place d'une dictature. Nous avons simplement du mal à concevoir que celle-ci puisse s'incarner aussi sournoisement dans des objets matériels et numériques et qu'elle puisse être si douce. Cette difficulté vient du fait que nous conservons une image faussée du régime totalitaire, celui de *1984*[7] de George Orwell, qui est certes un chef-d'œuvre mais qui met en scène une dictature que je qualifierais de stalinienne avancée, où la coercition n'est que contrainte et souffrance. Or le capitalisme néolibéral est bien plus rusé et, d'une certaine façon, bien plus intelligent. Il s'attaque directement aux mécanismes du plaisir et il déclenche un syndrome de Stockholm. Pour beaucoup, le bourreau finit par apparaître sympathique, une source de jouissance.

II

Au cœur de la dictature consumériste

La dictature que tu évoques me fait penser à un entretien de Frédéric Lordon[8] accordé au média Ballast où il affirme : « Je prends acte qu'une révolution a eu lieu. Elle n'est pas celle de l'"Anthropocène", mais celle du Capitalocène, c'est-à-dire l'œuvre du capitalisme et des capitalistes. »

Je le répète, il ne s'agit évidemment pas de dire que l'être humain est fondamentalement mauvais, mais de prendre conscience, en effet, que le système capitaliste a révélé en nous le pire. En cela, l'ère du Capitalocène, qui entre dans une nouvelle phase avec les avancées numériques, constitue une césure historique dans notre évolution en opérant une reconfiguration totale du monde avec des implications inédites au niveau moral, politique, sociétal, philosophique ou religieux.

La soumission par la consommation entraîne par exemple un conditionnement des intelligences qui a des conséquences sur notre liberté d'expression et donc notre démocratie. Des réseaux sociaux comme Facebook gagnent de l'argent grâce à la publicité, et des entreprises comme Cambridge Analytica ont quand même mené au Brexit ! La stratégie d'influence qui a été autorisée ici, à savoir la répétition de mensonges et de fausses informations en enfermant les électeurs dans des bulles de filtres, me fait penser à la phrase de Goebbels qui, au ministère allemand de l'Éducation du peuple et de la Propagande, affirmait : « Un mensonge répété dix mille fois devient vérité. » Et que l'on ne présente pas les Printemps arabes comme un contre-exemple pour défendre l'action des GAFAM, car les espoirs portés par ces révolutions ont tous disparu. J'avale assez de couleuvres de ces géants numériques pour ne pas gober l'histoire selon laquelle ils œuvrent, la main sur le cœur, en faveur de la paix et de la liberté dans le monde.

Comment ce récit capitaliste modifie-t-il notre rapport au monde politique ?

Je remarque déjà que le jargon entrepreneurial et managérial a gangrené tous les arcanes du pouvoir et a même fait une entrée fracassante dans nos foyers. Les mots et le langage sont un indicateur de ce rapport de force qui a complètement basculé. Les entreprises ont parfaitement intégré les logiques du monde politique, elles les exploitent et les détournent à leur avantage. Par exemple, elles ne jouent pas sur le même échiquier temporel, puisqu'elles sont régies par le court terme, notamment pour satisfaire leurs actionnaires. Elles disposent également d'une agilité et d'une efficacité dont les États ne peuvent jouir. Dès lors, l'idée d'élire des personnes pour un mandat de cinq ans, sans pouvoir s'en débarrasser s'ils ne nous plaisent plus, devient contre-intuitive et sera même bientôt contre-nature.

Le désintérêt pour la politique, qui n'est pas une problématique spécifiquement française, ne tient donc pas qu'à une désaffection de la chose publique, mais à une réflexion « rationnelle » de consommateur. Quand tu commandes une paire de chaussures qui arrive dans les vingt-quatre heures, tu souhaites qu'elle corresponde à la perfection à tes attentes. Si tel n'est pas le cas, tu la renvoies et tu en choisis une autre. Cette simple façon de faire entre en dissonance avec le fonctionnement de la machine politique qui repose sur le compromis et la négociation, donc sur le temps long. Nos comportements et réflexes de consommation ont déteint sur notre conception de la politique. Nous subissons une sorte de syndrome Amazon : nous pensons pouvoir commander le monde dont nous rêvons et nous le faire livrer à domicile d'un claquement de doigts.

Quel danger ce syndrome peut-il représenter ?

Partout en Europe, la démocratie est menacée par des régimes autoritaires, parfois très à droite. La démocratie est très fragile. Si 70 % des jeunes ne votent plus ou se mettent à voter pour l'extrême droite demain, nous basculerons rapidement dans un régime totalitaire. Je rappelle qu'en France, un sondage réalisé en 2020 par l'Ifop montrait que 20 % des Français se disaient favorables à l'élection du général de Villiers à la tête du pays. Pour les défenseurs d'un régime politique démocratique, la gueule de bois est violente et le réveil difficile. À l'ombre de notre nonchalance politique, nous sommes pris en étau entre la peste et le choléra, entre la servilité à un tyran, élu par le suffrage universel ou non, et la servilité à un régime économique totalitaire. Le risque est que notre inclination au conformisme, à l'égoïsme, à la cupidité, à la tyrannie de la satisfaction et de la récompense prenne le pas sur notre capacité à nous transcender, à devenir meilleurs, en tant qu'êtres humains.

Le monde politique a-t-il cédé face au pouvoir économique et aux logiques de marché ?

La démocratie est à bout de souffle. Elle l'est non pas parce que c'est un mauvais modèle politique, mais parce qu'en effet elle s'est laissé ronger et miner de l'intérieur par les grands intérêts économiques, aujourd'hui galvanisés par la puissance du monde numérique. En France, il n'y a plus de vision prospective au-delà du mandat du Président qui, on le sait, est passé de sept à cinq ans. La seule perspective devient donc la réélection. Le politique subit ainsi le marché dont les évolutions technologiques s'accélèrent d'une façon exponentielle, ce qui fait de lui fondamentalement un spectateur et non plus un acteur. Cette allégeance au marché et à sa prétendue omniscience explique en partie la désaffection des urnes par les électeurs. D'un côté, les dirigeants politiques nous considèrent comme – ou plutôt nous réduisent à – de vulgaires consommateurs sans vision citoyenne. De l'autre, notre désengagement démocratique entraîne un phénomène de non-représentativité des élus, exacerbé en France par le fait que le président de la République, très minoritaire au premier tour, ne cherche pas à se constituer une majorité.

Dans ce marasme, notre démocratie, modèle politique qu'il faut continuer à défendre plus que tout, souffre énormément. Son état inquiète tellement que, je viens de le mentionner, l'attrait pour des régimes totalitaires ne cesse de progresser dans l'opinion publique. Or les dictatures telles que nous les connaissons aujourd'hui, en Russie par exemple, se moquent éperdument de l'écologie et donc de notre potentielle survie. Si vous voulez vous débarrasser de Poutine, faites-le mourir de rire en lui parlant d'écologie ! La Chine est sans doute le plus éclairé des régimes dictatoriaux, mais elle réalise de gigantesques grands écarts. Dès lors, là où notre démocratie devrait nous permettre de faire bien mieux que ces systèmes politiques, nous nous prenons les pieds dans le tapis. En France, par exemple, il est d'usage, pour se donner bonne conscience, de dire qu'on pollue beaucoup moins que les autres grâce au nucléaire, ce qui confère une sorte de marge confortable avant de véritablement prendre des décisions courageuses. Nous avons complètement échoué sur le climat, et nous allons le payer très cher.

Ainsi, nous devons nous préparer à vivre dans un monde à plus 4 ou 5 degrés qui, comme d'habitude, sera plus cruel pour les plus défavorisés Mais attention, ne vous inquiétez pas, les gros actionnaires des compagnies pétrolières continueront à vivre dans leurs *penthouses* surélevés en Floride avec la climatisation à fond toute la journée ! Comment ne pas être en colère ? Si nous avions travaillé au cours des vingt dernières années à réduire drastiquement l'usage des hydrocarbures, la Russie serait à genoux aujourd'hui. Si nous avions considéré la question de la consommation d'une façon saine, nous ne serions pas si dépendants de la Chine. D'un côté, nous tenons des discours virulents contre les visées expansionnistes chinoises et, de l'autre, nous leur avons transféré, en un temps record, toute notre technologie. Et en contrepartie de quoi ? De la fabrication de produits de toutes sortes, à bas coût, pour assouvir notre besoin frénétique de consommation. Parce que nous, tu comprends, nous sommes des démocraties donneuses de leçons, mais nous nous réjouissons en coulisses qu'un régime autoritaire se serve de son pouvoir pour transformer son peuple en un collectif corvéable à merci.

Tu ressens de la culpabilité envers ces pays dits « en développement » ?

Je ne crois pas que ce soit une question de culpabilité, et d'ailleurs tu poses ici la question de façon politique. À titre personnel, je regarde simplement les choses en face, et je reconnais que, si je peux vivre dans de telles conditions, avec une telle aisance matérielle, c'est qu'une exploitation macabre du monde, dont je suis partie prenante, se joue à chaque instant. Oui, de façon indirecte, nous jouissons de richesses qui ne nous appartiennent pas. Oui, cela fait de nous des voleurs. Je ne me mens pas à moi-même. Je sais que le confort dont je jouis ne tient pas seulement à mon travail et à mes efforts. Ces derniers ne disent rien sur une prétendue équité mondiale. Il ne faut pas être un expert du commerce international pour avoir conscience de cela, il suffit d'avoir un peu de lucidité et d'empathie. Le déni de l'Occident sur les fondements et les moteurs de sa prospérité relève de la psychiatrie.

La fragilité de notre démocratie que tu mentionnes, marquée notamment par des abstentions records, annonce-t-elle une société sans engagement politique qui laisserait alors la voie libre au pouvoir économique ?

Le danger est en effet que nous perdions de vue les raisons pour lesquelles nous devrions nous engager. Car, au moment où le numérique nous fait croire que nous jouissons d'une liberté absolue, les idées totalitaires gagnent du terrain et la crise écologique redouble d'intensité. L'attrait exercé par le numérique et ses promesses nous détourne de l'essentiel comme la défense, corps et âme, de la démocratie. Ainsi, les analystes politiques et experts scientifiques sont priés de céder leur place aux influenceurs. Les informations des plus graves aux plus futiles se succèdent en rafales. Plus rien n'est hiérarchisé, et désormais il est entendu que la vérité et le mensonge ont la même valeur puisque, d'une certaine façon, non seulement le mensonge n'est pas réprimé, mais il jouit d'une prime, la prime au « malin », au prosélyte des *fake news*.

L'expression « sans engagement » que tu emploies souligne également comment toutes les idéologies ont explosé. Lors de la guerre d'Espagne en 1936, des milliers de volontaires sont partis se battre. Lors de la guerre du Vietnam, une grande partie des États-Unis s'était levée contre ce conflit absurde. Ces contestations et ces engagements existaient car la relation au monde de la majorité de la population était solidement tissée de valeurs à défendre, inaliénables. La guerre en Ukraine n'aurait pas été déclenchée par Poutine s'il n'avait pas eu le sentiment que l'opinion publique occidentale, anesthésiée par son confort matériel, une fois l'émotion passée, finirait par exclure ce conflit du champ de ses préoccupations. C'est ce qui s'est finalement passé.

Chez nous, Jean-Luc Mélenchon a d'ailleurs défendu une drôle de rhétorique du non-alignement qui laisse penser que la Russie n'est pas un ennemi pire que les États-Unis. Et Marine Le Pen a des intérêts avec ce pays. Donc, *de facto*, une majorité de Français ne considère pas que la Russie de Poutine représente le mal absolu. C'est d'autant plus vrai qu'Emmanuel Macron a tenté d'imposer, il est vrai artificiellement, un récit pro-ukrainien et antirusse qui n'a pas vraiment pris. L'esprit critique représente un enjeu majeur, et l'on voit bien, à l'aune de cette guerre, la difficulté à se créer un chemin de crête qui prenne en compte à la fois l'évidente brutalité de l'invasion russe, mais aussi le souvenir douloureux de l'invasion américaine en Irak fondée sur des mensonges, et celui d'une Ukraine gangrenée par la corruption qui continue de plus belle en temps de guerre. Dès lors, beaucoup de gens se demandent comment ils doivent se mobiliser dans ce conflit. Pour qui prendre parti ? Alors que, finalement, il s'agit d'abord et avant tout d'une guerre entre les démocraties et une tyrannie sanglante. La boussole pour penser ce drame se trouve ici. Ce qui n'efface rien par ailleurs.

Mais justement, comment exercer notre esprit critique dans un monde soumis à des récits multiples, complexes, contradictoires ?

C'est devenu un enjeu de civilisation. Dans un monde où les réseaux sociaux nous font croire à une libération totale et salvatrice de la parole, cette liberté d'exercer l'esprit critique disparaît pourtant peu à peu. Internet permet d'accéder à une information considérable, mais celle-ci ne ruisselle pas. On nous donne le sentiment que l'on peut tout savoir, que l'on a toutes les expertises, sauf que notre esprit n'est plus formé à l'analyse et à la synthèse de toutes les connaissances disponibles qui sont organisées, encore une fois, dans le seul but de vendre toujours plus de produits. Internet peut être un instrument remarquable d'abêtissement et de manipulation de la pensée. L'exemple le plus flagrant, j'y reviens, c'est le Brexit. Cet épisode est une véritable expérience de laboratoire quant aux menaces qui guettent notre démocratie et notre libre arbitre. Pour faire basculer les opinions, des informations d'une simplicité confondante ont inondé tous les réseaux sociaux. L'un des arguments principaux des pro-Brexit était ce montant de 350 millions de livres par semaine qui serait versé par le Royaume-Uni à l'Union européenne. Il circulait sur des bus rouges qui affirmaient que cet argent ferait mieux d'être investi dans le système de santé britannique. Ce chiffre était faux. Ce qu'ont réalisé ici des militants politiques, c'est un minicoup d'État grâce à des outils développés par une société œuvrant dans le numérique.

Nous vivons ainsi à une époque où chacun se croit capable d'appréhender par lui-même les situations les plus complexes et, par voie de conséquence, pense que les élites ne servent plus à rien, si ce n'est à leur dissimuler la vérité. Et comme au même moment nos dirigeants politiques perdent le sens de leurs responsabilités en se vendant notamment à des intérêts privés, on aboutit logiquement à une demande croissante de démocratie directe qui serait celle de l'émotion, d'une certaine ignorance péremptoire et d'une colère sans alternative raisonnée. L'internaute citoyen est un hamster en colère qui tourne dans sa roue et, même si on lui ouvre la porte de sa cage, préfère ne pas en sortir ! On en revient à ce que je disais précédemment : le pouvoir du peuple s'est réduit à « acheter et gueuler ».

Mais à qui la faute ? Celle de nos dirigeants ou la nôtre, car nous acceptons de participer à ce système ?

D'abord, il existe une responsabilité des élites qui est la contrepartie de leurs privilèges. Ces derniers n'étant pas minces, je considère en effet qu'ils ont le devoir de nous éclairer et d'agir. Or je constate à nouveau avec amertume comment ce sens des responsabilités a disparu au profit de l'injonction à satisfaire les actionnaires. Je me souviens de la déclaration d'un patron d'une des plus grandes banques françaises, inspecteur des Finances, disant : « Moi, je suis là uniquement pour créer de la valeur pour mes actionnaires. » Je ne peux pas entendre ça sans bondir de ma chaise. D'ailleurs, le clivage entre le capital et le travail que ces grands patrons orchestrent est certainement le cancer de nos sociétés modernes, d'autant que le capital est, d'une part, de plus en plus diffus et anonyme et, d'autre part, exagérément rémunéré. Nous nous retrouvons ainsi dans une situation où le président d'un groupe pétrolier travaille avant tout pour ses actionnaires, ensuite pour ses clients, et considère que construire un avenir meilleur n'est pas de son ressort, mais de celui des politiques… qu'il entend tout de même tenir en laisse dans l'intérêt de maximiser ses profits ! Et tout cela se passe à un moment où le niveau général de notre classe politique baisse dangereusement en favorisant l'ascension fulgurante de personnalités qui ne sont pas préparées à assumer d'importantes responsabilités. On peut devenir président de la République en ayant le niveau d'un sous-secrétaire d'État sous de Gaulle ou Pompidou. L'opportunisme et le calcul ont donc définitivement pris le pas sur les convictions qu'il faudrait presque s'excuser d'avoir.

Alors, comment réagir ? Nous avons conscience de notre impasse écologique, mais comment nous y retrouver, car on nous dit en même temps que nos voitures thermiques polluent trop et que les alternatives électriques nous mettent dans la main des Chinois. On nous affirme aussi que les batteries ne sont pas recyclables, que pour produire de l'énergie renouvelable il faut investir des centaines de milliards que nous ne trouverons pas dans les caisses de l'État, et qu'il faut même détruire notre environnement en saccageant des paysages millénaires, comme j'en ai l'exemple devant moi tous les jours avec le stalag des éoliennes de la baie de Saint-Brieuc. Bref, nous sommes perdus. C'est pourquoi je crois à la réorientation de la dépense comme action efficace et pacifique contre les excès du marché. Pour y parvenir, il faut une planification étatique. C'est la seule possibilité pour que nous puissions ensuite agir à notre échelle.

Récemment, j'ai eu des discussions avec des hommes et femmes politiques qui, alors que j'évoquais notre monde où les conditions de vie allaient devenir très difficiles, me répondaient : « Les jeunes se débrouilleront comme nous nous sommes débrouillés. » Malheureusement, cette philosophie de comptoir ne fonctionnera pas. Le déni sera rattrapé par la réalité. Soyons-en convaincus, ce que nous vivons actuellement est un moment charnière de l'histoire de l'humanité, où les choix que nous ferons dans les années à venir détermineront si nous poursuivrons l'aventure ou si nous cheminerons jusqu'à la disparition de notre espèce. Pour s'en sortir, il faut impérativement que les élites retrouvent le sens de leurs responsabilités et s'extraient de cette corruption intellectuelle, et parfois financière, dans laquelle elles sont plongées. Ensuite, bien sûr, chacun de nous doit aussi faire sa part Mais pour l'instant, nous n'en prenons pas vraiment le chemin, ou en tout cas pas assez vite.

Ce qui semble impossible, c'est de pouvoir agir et faire autrement alors même que nous sommes au cœur du système. Par exemple, si nous avons placé de l'argent et demandé à notre banquier de le faire fructifier pour nous assurer une retraite décente, il finance peut-être un système que nous dénonçons. Comment sortir de ce piège ?

Nous subissons tous de fortes injonctions contradictoires et, comme tout le monde, j'espère que, quand je partirai à la retraite, ceux qui ont géré mon argent auront bien fait leur boulot, ce qui sous-entend en effet qu'ils auront tiré profit d'un système que je déplore. Je connais ces intrications et cette complexité Mais encore faut-il en avoir conscience ! Cette connaissance est déjà une première étape pour déconstruire le récit dans lequel nous sommes enfermés. Reconnaître le bourreau, celui qui exerce son pouvoir sur nous, marque une étape importante dans le processus de rémission, car ensuite, petit à petit, tu peux prendre des décisions plus éclairées et plus radicales.

Tu évoquais un chef d'entreprise qui définissait son rôle comme celui de créer de la valeur et non de rendre le monde meilleur. Cela me fait penser à l'intervention d'Alexandre Bompard, le P-DG de Carrefour, lors des Rencontres économiques d'Aix-en-Provence 2022, où il a déclaré : « Moi, je rêverais de me réveiller tous les matins en me disant que je vais sauver la planète, je rêverais de me réveiller tous les matins en me disant que je veux un monde meilleur. Mais, au fond, ce n'est pas mon rôle. Ma responsabilité, c'est diriger une entreprise et créer de la valeur. Créer de la valeur pour toutes les parties prenantes : les actionnaires, les salariés, l'ensemble du monde industriel. […] Je n'ai pas vocation à avoir un propos politique. […] Je ne me lève pas le matin en me disant que je dois prendre de grands engagements parce que je l'ai décidé. Je les prends parce que mes clients me le demandent, parce que mes collaborateurs me le demandent, parce que les investisseurs comprennent que les clients le demandent. […] Les engagements que nous prenons, ce sont des engagements qui viennent avec le capitalisme. […] Est-ce que les normes, les statuts comme les entreprises à mission ou B-Corp, génèrent l'engagement ? Au risque de choquer un peu mes camarades d'estrade, je considère que pas du tout. Ce sont les ressorts mêmes de l'entreprise qui font que je prends des engagements. »

Pour ce P-DG, comme pour tant d'autres, le capitalisme néolibéral peut tout, et aucune alternative n'existe. Cela montre que le changement ne peut venir que du consommateur et non pas du citoyen, car le pouvoir du premier domine celui du second. Je crois à la puissance du boycott, le refus d'acheter certaines marques mais surtout le refus de gober leur rhétorique. Car, quand vous parlez avec les dirigeants des grands groupes industriels ou de la distribution, ils avancent toujours le même argument d'autorité : «Vous savez, nous, on produit et vend ce que le client nous demande.» C'est faux ! Ils savent très bien que ce sont eux qui créent et orientent la demande.

Impossible, donc, que les entreprises représentent une source d'espoir ?

Non, parce que leur logique de croissance et de profits infinis est totalement mortifère. La seule chose qui les intéresse est de maximiser la valeur pour les actionnaires en exploitant au maximum les salariés, évidemment remplacés dès que possible par des nouvelles technologies, tout en justifiant leurs décisions en défendant des prix bas pour assurer le pouvoir d'achat de ces mêmes salariés ! Si, en moyenne, cette logique a contribué à l'élévation du niveau de vie, elle conduit aujourd'hui à une dégradation considérable de nos conditions d'existence. Alors, quel intérêt à poursuivre dans cette voie ?

Dans le film *Don't Look Up*[9], un dirigeant d'une grande entreprise numérique se retrouve dans la salle de commandement de la présidente des États-Unis. Penses-tu qu'à brève échéance, des dirigeants de grandes entreprises pourraient avoir des fonctions politiques de premier plan ? Une manière pour le marché de se substituer définitivement aux dirigeants politiques.

Je ne les vois pas s'engager dans un système politique « classique », car cela liquéfierait le pouvoir énorme dont ils jouissent. Il est encore trop tôt pour jouer ce rôle même si, quand Elon Musk déploie son fournisseur d'accès à internet par satellite Starlink en Ukraine, pour maintenir les réseaux de communication, il s'engage géopolitiquement et confère au secteur privé une importance historique par rapport aux États-nations. Je crois néanmoins que la situation va continuer de se dégrader et, quand les pouvoirs publics seront vraiment démunis pour répondre à la colère des populations et aux défis que nous allons affronter, notamment sur le plan écologique, les géants du numérique viendront en effet nous vendre leurs solutions, tout naturellement. Ils le feront avec des campagnes marketing léchées, en donnant l'illusion d'une démocratie directe où nous pourrons voter en temps réel sur tous les sujets, plusieurs fois par semaine. Nous formerons alors une sorte d'agora virtuelle qui, au lieu de constituer un puissant contre-pouvoir, sera plus proche d'une dictature de l'émotion. D'ailleurs, peut-être même que nous n'aurons plus à voter, puisqu'ils connaîtront toutes nos idées et intentions en ayant une représentation extrêmement fine de chacun de nos cerveaux.

Évidemment, je dessine ici une vision d'anticipation extrême, mais gardons en tête que ces évolutions s'inscrivent dans le temps long et que des premiers jalons ont été posés. Barack Obama avait travaillé à l'aide d'algorithmes pour augmenter le pouvoir de conviction de ses militants lors de sessions de porte à porte de sa campagne présidentielle en 2008. Ces scénarios ne sont pas farfelus, et je suis persuadé que le pouvoir politique et sociétal des GAFAM grandira de façon exponentielle.

Cela signifie que l'État et les systèmes politiques tels que nous les connaissons vont subir des mutations inédites dans notre histoire ?

Si nous suivons la logique des libertariens, celle qui s'impose toujours plus violemment depuis la chute du mur de Berlin, nous pouvons soutenir l'idée d'une disparition d'ici cinquante ans de l'État tel que nous le connaissons. Les millions de fonctionnaires de chair et d'os seront remplacés par des algorithmes décidant de la répartition des recettes fiscales, de l'allocation de masques ou de doses de vaccin dans tous les hôpitaux du pays, ou encore du montant optimal de subventions à donner aux institutions culturelles. L'intelligence artificielle peut déjà piloter un avion, tuer avec des drones, alors pourquoi pas gouverner ? Sans affirmer que ce scénario se déroulera nécessairement, il faut oser affronter l'idée qu'un jour la machine puisse se passer de nous. Simplement, et même si je ne suis pas catastrophiste par nature, j'ai quand même la nostalgie d'un futur acceptable, et force est de constater qu'il l'est de moins en moins.

La chute du mur de Berlin et la partition du monde en deux blocs idéologiques avec la victoire du libéralisme avaient conduit Francis Fukuyama à employer l'expression de « fin de l'histoire[10] ». C'est à ce moment-là que le monde a basculé ?

Au tournant des années 1990, au moment où il aurait fallu inventer un autre scénario et prendre une autre direction, la machine capitaliste a redoublé d'efforts pour nous faire avaler son récit selon lequel « *There is no alternative*[11] ». C'était d'autant plus facile qu'avec l'effondrement du communisme, il suffisait de promettre une consommation illimitée pour redonner espoir aux gens. *Standing ovation* pour Reagan, Thatcher et bien sûr Mitterrand, qui a suivi la doctrine néolibérale de ses compagnons ! Nous avons naïvement cru qu'avec la chute du Mur, la mondialisation et la libéralisation de l'économie allaient créer une ère de paix mondiale et une prospérité infinie. Ce choix politique et économique souligne combien il est difficile de se défaire de ce récit, car de sauveur il devient fossoyeur de notre monde.

Au fur et à mesure, le capitalisme a donc endossé des habits politiques et sociaux. En France, la gauche mitterrandienne porte une responsabilité non négligeable car, en voulant arrondir les angles, elle s'est fait aspirer et dévitaliser. Pendant des années, y compris sous François Hollande, ils ont eu recours à un blanchiment de conscience. L'idéologie ultralibérale a fini par faire exploser toutes les idéologies politiques, d'où la percée d'Emmanuel Macron, qui se proclame ni de droite ni de gauche.

Toutes les idées et toutes les valeurs ont volé en éclats. Une valeur comme celle du travail se trouve encore en pleine recomposition. Imagine que je propose le choix suivant à un jeune de 18 ans : soit tu travailles trente-cinq heures dans une usine ou comme cadre dans une entreprise, soit tu n'as qu'à utiliser tes écrans de téléphone et d'ordinateur, et les GAFAM rémunéreront l'utilisation de tes données. À ton avis, que choisit-il ? Le numérique s'impose comme une alternative au monde que nous connaissions jusqu'ici et propose un avenir reposant sur de nouvelles logiques.

En 2007, dans un article intitulé « La sortie du capitalisme a déjà commencé[12] », le philosophe André Gorz, anticapitaliste et grand théoricien de la décroissance et de l'écologie politique, écrivait : « La question de la sortie du capitalisme n'a jamais été plus actuelle. Elle se pose en des termes et avec une urgence d'une radicale nouveauté. Par son développement même, le capitalisme a atteint une limite tant interne qu'externe qu'il est incapable de dépasser et qui en fait un système qui survit par des subterfuges à la crise de ses catégories fondamentales : le travail, la valeur, le capital. »

Tout au long de sa carrière, il n'a cessé de défendre une société où nous « travaille[rions] moins et consomme[rions] moins, à condition de vivre autrement ». Il militait ainsi pour un système dont les deux jambes seraient la justice et la sobriété. Il fallait faire tomber la consommation de son piédestal. Dans son essai *Écologie et liberté*, il dessine les contours de ce que Marc Dugain appelle de ses vœux : « Mieux, ce peut être "moins" :

créer le minimum de besoins, les satisfaire par la moindre dépense possible de matières, d'énergie et de travail, en provoquant le moins possible de nuisances[13]. »

Cet espoir résonne souvent comme une utopie, car force est de constater que pour l'instant nous ne parvenons pas à faire advenir cette vision. Et cet échec remet en question la possibilité même de renverser le capitalisme, comme l'exprime en une phrase lapidaire Mark Fisher dans son essai *Le Réalisme capitaliste* : « Il est plus facile d'imaginer la fin du monde que celle du capitalisme[14]. »

Nous avons parlé des bouleversements politiques et sociétaux causés par l'ère du Capitalocène. Quelle idéologie est véhiculée par le capitalisme néolibéral numérique ?

Déjà, j'insiste, la déstructuration idéologique de nos sociétés se poursuit, plus vite que nous le pensons. La population partage ce sentiment quand elle dit que le bon sens nous a quittés. À force d'exploiter nos pulsions primaires, nous finissons par rester scotchés à nos écrans, nous sommes moins enclins à réfléchir et devenons plus fortement manipulables. Ainsi, la montée en flèche du populisme ne m'étonne guère, car, au lieu de cultiver notre jardin, nous cultivons, avec un certain brio il faut le reconnaître, notre vacuité.

D'ailleurs, dans son ouvrage *Le Grand Récit*, le professeur d'histoire contemporaine Johann Chapoutot soutient lui aussi que le théologique a cédé la place au politique, donnant naissance à des « religions séculières » : communisme, fascisme, libéralisme... Néanmoins, à leur tour, ces idéologies s'essoufflent et ne peuvent plus donner du sens à nos vies.

En effet, ce qui est remarquable aujourd'hui, c'est le sentiment d'un manque de diversité idéologique comme nous les aimions tant au XXe siècle. Je crois ainsi qu'il faut s'attendre à des phénomènes de désertion, on le voit déjà avec ces jeunes qui refusent d'avoir un smartphone, qui ne veulent pas faire carrière, qui souhaitent vivre de peu mais beaucoup échanger avec des vraies personnes, lire, écrire pour eux, peindre, sculpter, et profiter de la nature là où elle n'a pas été saccagée par l'Homme. Et crois-moi, ils n'en ont rien à faire d'être considérés comme des ratés par Emmanuel Macron qui prône l'asservissement total au marché et à ses suppôts au nom d'une idéologie de la production et de la consommation.

Car, pour bien comprendre ce qui se joue sous nos yeux, il faut observer les deux premières fortunes au monde : elles disent tout sur notre société. Prenons d'abord Bernard Arnault. Le monde du luxe flatte en nous le besoin de se distinguer, de se placer au-dessus des autres, de dépenser très au-delà du nécessaire, de se situer socialement pour avoir, même si cela est parfois factice, de l'importance. Cette industrie réussit et s'enrichit en flattant de bas instincts. Prenons maintenant Jeff Bezos. Avec Amazon, nous avons l'essence de notre société de consommation compulsive qui a fait de l'impatience une vertu cardinale, au détriment de notre attention qui devrait se concentrer sur la protection de notre Terre. Sans compter la pollution que l'entreprise engendre avec la multiplication des transports et des centres de logistique. Pourtant, ce sont les rois du monde, les gloires du XXIe siècle, des dirigeants considérés comme des messies.

Dès lors, accompagnés de leur idéologie libertarienne, n'incarnent-ils pas la nouvelle grande spiritualité du siècle ?

Dans nos sociétés largement laïcisées, je suis prêt à soutenir que le récit consumériste est la nouvelle Bible, de nouveaux évangiles pour « les modernes ». Les grandes surfaces sont déjà devenues des temples, et pas seulement des temples de la consommation, comme nous l'entendons souvent, mais des lieux qui orientent nos façons de voir et de penser le monde. Elon Musk,

Jeff Bezos et leurs camarades de jeu personnifient la religion techno-positiviste de notre temps et s'arrogent le sacré. Ils incarnent une profession de foi progressiste, ils disposent de communautés de fidèles, ils se sentent investis de l'avenir du monde face à une apocalypse annoncée. Ce sont d'ailleurs des transhumanistes qui veulent modifier notre génome ou nous dupliquer. Ils ne jurent que par l'idéologie de l'Homme-Dieu, parce qu'ils se considèrent comme les nouveaux prophètes, les guides suprêmes, de véritables démiurges. Ils veulent régler la question de Dieu assez simplement par cette affirmation : « Dieu, c'est l'Homme. » Pour eux, l'idée d'un au-delà est à enterrer, et il nous faut tous travailler à une vie sans fin.

Évidemment, la recherche de l'Homme-Dieu, c'est-à-dire de l'Homme parfait, me rappelle la quête insensée des nazis. Pas étonnant qu'il existe des prémices d'eugénisme avec la sélection d'embryons ou la manipulation génétique à l'aide de technologies comme CRISPR-Cas9[15]. Je vais l'affirmer sans détour, je crois que certains des partisans les plus engagés du numérique sont mus par l'idée de donner naissance à une nouvelle espèce humaine, parce que, d'une certaine façon, ils méprisent fondamentalement celle qu'ils parviennent aussi facilement à abêtir et à manipuler. Au passage, la philosophie occidentale est également en faillite depuis longtemps, car elle a échoué à éviter notre mutation en consommateurs serviles, puis elle n'a fait qu'accompagner intellectuellement le mode de production dans lequel nous sommes piégés.

En étayant ici ma pensée, je repense à notre sociopathe préféré, Elon Musk. Il est convaincu que cette planète va connaître le terme de son exploitation et qu'il faut en conquérir d'autres pour les transformer à leur tour en décharge et y trouver les ressources qui vont venir à manquer sur Terre. Ainsi, ce qui menace notre société, c'est un déséquilibre de plus en plus important entre son matérialisme obsessionnel et son absence de spiritualité. Chez les manichéens, secte chrétienne des origines, éradiquée par les catholiques, le mal est dans le matériel et le bien dans le spirituel. Sans être « manichéen », nous pouvons effectivement constater que, passé un certain seuil, le matérialisme conduit à notre destruction. C'est en tout cas ce qui est en train de se passer. Notre société manque de spiritualité, pas forcément de religiosité, mais d'une forme de transcendance. Et, évidemment, j'évoque ici une spiritualité qui ne soit pas à la solde du politique, du numérique ou du consumérisme.

Comment ces chefs d'entreprise ont-ils réussi à s'emparer du pouvoir spirituel ?

Déjà, la religion et ses institutions vivent des moments difficiles. Au cours du XXe siècle, les religions ont peu à peu été dévoyées en perdant progressivement leur spiritualité au profit de leur utilité politique. Les Américains, qui ne jurent que par Dieu d'une façon honteuse, ont totalement éradiqué de leur territoire les peuples doués de spiritualité, les Amérindiens qui sacralisaient leur environnement par exemple, la terre qui les faisait vivre. Dès lors, leur Dieu est un Dieu tenu en laisse. Un Dieu qu'ils sortent de leur poche pour justifier leurs excès et leurs exactions, comme lorsqu'ils partent en guerre en Irak. Poutine également, de son côté, a bien compris l'intérêt de se faire passer pour un orthodoxe convaincu. Et avec les islamistes, nous avons l'exemple d'une prétendue foi au service d'intérêts de criminels. Comme croyant, protestant, je n'aime pas les fossoyeurs de la foi. Les religions ne sont pas faites pour s'enfermer, mais au contraire pour s'ouvrir aux autres, au monde.

Pour répondre à ta question, dans ce contexte d'affaiblissement religieux que je viens de décrire très brièvement, je crois que de nombreuses personnes se sont d'abord détournées de leur spiritualité religieuse pour la déporter vers le monde politique. Néanmoins, elles y ont découvert les mêmes escroqueries, le même clergé corrompu, la même collusion avec de grands intérêts économiques. Alors, que reste-t-il ? L'art et la culture ? Ces mondes représentent toujours des lieux de spiritualité de premier plan, mais ils sont, eux aussi, bafoués par les intérêts économiques et les mêmes règles de compétition que le sport. Le monde de l'art contemporain est complètement corrompu par l'argent, et les œuvres deviennent des totems purement spéculatifs pour les ultrariches qui se targuent d'être des collectionneurs. En littérature et au cinéma, chacun attend sa médaille et sa récompense comme aux jeux Olympiques, et beaucoup d'éditeurs sont réduits par leurs actionnaires à n'être que des marchands de papier. À partir du moment où les logiques du profit s'immiscent partout, difficile, pour la spiritualité, par essence désintéressée, de survivre.

Est-ce également cette spiritualité qui nous fait défaut pour anticiper les défis écologiques à venir et se donner la possibilité de bifurquer ?

Sur ce sujet, le plus décisif pourtant, la défaillance est totale. Le scénario qui se dessine devant nous est insupportable car les décideurs, politiques comme industriels, refusent d'aborder sérieusement les sujets qui leur incombent : la question du partage des richesses, la sensibilisation aux mutations environnementales actuelles, notre reconnexion au vivant… Sans culture, sans éducation, sans vrai rapport à la nature, un rapport spirituel en effet, et sans argent, comment espérer que la majorité prenne conscience des dégâts de nos modes de vie ?

Tout nous pousse à demeurer des consommateurs serviles. Et avec l'apogée de l'individualisme que nous connaissons, nous croyons à tort que l'individu a repris le pouvoir, mais il est en train de le perdre définitivement au profit d'une industrie trop rapide pour lui. Cette dictature du capitalisme numérique qui repose sur l'échange entre liberté réelle et sécurité donne naissance à une servitude volontaire, c'est-à-dire le rêve absolu d'une minorité qui prend le contrôle d'une majorité. Nous nous devons de réagir.

Si, comme nous l'avons évoqué, la recomposition engendrée par le capitalisme ultralibéral est économique, politique, sociale, idéologique et spirituelle, considères-tu, en reprenant l'expression de l'anthropologue Marcel Mauss, qu'il s'agit là d'un fait social total[16] ?

Aujourd'hui, comme nous l'avons bien montré, le capitalisme et son idéologie libertarienne deviennent le principal concurrent de nos systèmes politiques, de nos organisations sociétales, de la spiritualité, de notre culture, c'est-à-dire la façon dont nous pensons et agissons. C'est un véritable séisme dans notre évolution et un point de bascule. Il faut cesser de voir ce récit sous le seul prisme économique et le considérer comme la proposition radicale d'un nouveau monde.

En France, très rares sont ceux qui le comprennent, alors que nous en avons déjà des preuves explicites. Par exemple, il me semble évident que les grandes multinationales sont les ennemis déclarés du pouvoir étatique et travaillent à la construction d'un avenir où elles seront le centre du monde, les maîtres de notre vie en communauté, de la *polis*. En ne payant pas leurs impôts sur notre territoire et, dans le même temps, en recevant des centaines de millions de crédits d'impôt, voire d'aides publiques, elles participent à l'effondrement des États, au creusement des inégalités économiques et sociales, au sentiment d'injustice et d'impunité. Ne soyons pas crédules. Il ne s'agit pas uniquement d'un sujet d'optimisation fiscale ni d'un moyen de s'enrichir toujours plus dans un contexte de mondialisation. Il ne s'agit pas non plus de faire ruisseler l'argent gagné pour aider les plus démunis, car, jusqu'à preuve du contraire, les milliards d'impôts non payés n'ont pas permis d'améliorer la situation économique du plus grand nombre. Quelque chose d'autre est à l'œuvre, un reformatage profond et irréversible de nos sociétés autour du privé.

De mémoire, un des dirigeants de Google qui s'exprimait sur l'arrivée au pouvoir de Donald Trump affirmait que cela ne changeait pas grand-chose à leur destinée. Dans la grille de lecture politique des GAFAM et des multinationales, les hommes et femmes politiques sont des marionnettes interchangeables et insignifiantes, aussi extrémistes soient-elles. Malheureusement, nous sommes également leurs marionnettes et cheminons gentiment vers le pire. Il faut à tout prix détricoter ce récit et s'en affranchir. Réagir vite pour sortir de la léthargie dans laquelle ce dernier nous emprisonne.

III

Entrer en dissidence

Comment es-tu parvenu à te défaire des discours officiels ?

Je pense disposer d'une hypersensibilité à la catastrophe qui remonte à mon enfance, où je vivais au milieu des gueules cassées de la Première Guerre mondiale. Je voyais mon grand-père défiguré et ses amis tous amochés. C'était à peine soutenable de les regarder, pour un enfant. Comment expliquer que mon grand-père, un ingénieur des Arts et métiers, brillant et cultivé, parte à la guerre de 14 le sourire aux lèvres ? Comment expliquer la joie et la camaraderie qui régnaient dans les rangs à ce moment-là, comme s'ils partaient pique-niquer pour le week-end ? Et, surtout, comment l'expliquer quand nous connaissons la boucherie qui suivra ? 20 millions de morts, militaires et civils, et 20 millions de blessés, qui ont une jambe déchiquetée ou la mâchoire arrachée.

Pour tenter de comprendre, il fallait décortiquer le discours officiel, le récit qui était fait de cette guerre.

Ce dernier mettait en avant le patriotisme, repris en chœur par les soldats eux-mêmes, qui affirmaient volontiers : « Les Boches nous agressent encore ! C'est intolérable, nous devons nous battre. Ce sera la der des ders, alors, allons-y et finissons-en vite ! » Lorsque j'accompagnais mon grand-père lors de défilés commémoratifs, je faisais ainsi l'expérience de tout un cérémonial qui visait à justifier la guerre, à glorifier nos victoires, à décerner des médailles. Mais toute la vérité ne pouvait se trouver dans ce récit. Bien sûr, il existe des raisons économiques, politiques, géopolitiques, mais permettent-elles vraiment de toucher du doigt cette boucherie ? Des explications n'étaient-elles pas à chercher dans une obscurité de l'âme humaine qui amènera des millions d'êtres humains, pendant quatre ans, à se massacrer ? C'est cette radicalité de la destruction, associée à une profonde défaillance de l'âme humaine, qui m'intéresse beaucoup plus que le discours officiel. Adolescent, je me suis donc mis à douter. Si nous sommes capables de ces horreurs, qui sommes-nous ? Que nous dit cette violence qui sommeille en nous ? Après le succès de *La Chambre des officiers*[17], j'avais été invité à une conférence internationale sur la guerre de 14-18 qui réunissait les plus grands historiens du conflit. Lors de mon intervention, je me souviens avoir dit que toutes les explications que j'avais entendues étaient très intéressantes, mais que je n'avais toujours pas la réponse à la plus simple des questions : pourquoi ? J'avais alors simplement partagé mon incompréhension à expliquer l'existence de ce fond saumâtre de l'âme humaine capable de provoquer les pires massacres. Comment la raison n'avait-elle pas pu se manifester, un peu à la façon d'un archange, pour stopper cette horreur ? Je n'ai ce jour-là obtenu aucune réponse.

Cette part d'absurdité de la guerre de 14-18 est insaisissable. Cela interroge véritablement notre nature, surtout quand nous savons ce qui arrivera après… 39-45 ! À nouveau, nous pouvons expliquer le déclenchement de la Seconde Guerre mondiale en évoquant la crise économique de 1929, la défaite allemande de 1918, l'humiliation subie au traité de Versailles, le développement de l'antisémitisme ou la prise du pouvoir par Adolf Hitler… Mais nous buterons toujours sur la question de l'Holocauste. À titre personnel, je suis là face à l'inexplicable, et j'ai à nouveau le sentiment que l'humanité a atteint les limites de son expérience. Cette idée qu'avec la Shoah nous avons touché le fond, sans parvenir à nous convaincre que nous avons remonté la pente depuis, me travaille sans relâche.

Dans *La Chambre des officiers*, roman inspiré de la vie de son grand-père, Marc Dugain réalise un portrait sans détour des gueules cassées. Quand le médecin examine pour la première fois Adrien, jeune officier du génie défiguré par l'éclat d'un obus quelques jours après le début de la guerre, les mots crus traduisent la volonté de l'auteur d'affronter les visages de la guerre :

« Voyons voir. Destruction maxillo-faciale. Notez, mon vieux ! Béance totale des parties situées du sommet du menton jusqu'à la moitié du nez, avec destruction totale du maxillaire supérieur et du palais, décloisonnant l'espace entre la bouche et les sinus. Destruction partielle de la langue. Apparition des organes de l'arrière-gorge qui ne sont plus protégés. Infection généralisée des tissus meurtris par apparition de pus. Il poursuit : Sérions les problèmes ! Risque de gangrène par infection des parties meurtries. Risque d'infection des voies aériennes et régions pulmonaires par manque de protection. Risque d'anémie par difficulté d'alimenter le blessé par les voies buccales et nasales. Conclusion, Charpot : vous me dégagez ce bougre à l'arrière. Direction Val-de-Grâce. À ma connaissance, il n'y a que là qu'on puisse faire quelque chose pour lui. Si la gangrène ne s'y met pas. En attendant, nettoyez les plaies. Faites-lui un ordre de transport par wagon sanitaire. Pas de transport fluvial, ce serait trop long. Essayez de l'alimenter une fois avant le départ, par sonde nasale. Gardez-lui les sangles. Surtout s'il est conscient au moment de le nourrir. Il risque de souffrir[18]. »

Plus encore que la description de ces corps et consciences meurtris, Marc Dugain montre comment ces défigurations changent profondément la société en bouleversant le rapport des anciens soldats non seulement à eux-mêmes, mais également aux autres. Les atrocités vécues par Adrien et les stigmates qu'elles lui ont laissés changent alors sa perception et sa place au sein du monde :

« Je ne suis pas historien, et je n'ai pas l'intention de le devenir. Ce n'est pas parce qu'on a été intimement mêlé à une époque qu'on peut prétendre en détenir la substance, même après de longues années. Je voudrais cependant me laisser la liberté de dater, sinon un événement, du moins le début d'une époque, celle d'une France qui sacrifie à la peur, qui se cherche des boucs émissaires. Il me semble que cette attitude, si opposée au caractère de "ceux de 14", a commencé à prendre le dessus à partir des années 20. Même les enfants avaient changé. Je me souviens d'un jour où une dizaine d'entre eux, assis dans un square, se sont mis à rire de moi en faisant mine de me lancer des pierres. Pendant toutes les années qui avaient suivi la guerre nous avions suscité la pitié, la compassion, souvent la gêne – mais jamais la peur qui commande de se défendre de ceux qui dérangent[19]. »

Cette observation, autant psychologique que sociologique, symbolise parfaitement la profession de foi artistique de Marc Dugain : documenter le réel et ses mutations, silencieuses comme fracassantes. Honoré de Balzac, l'un de ses auteurs préférés, écrivait dans son avant-propos à *La Comédie humaine* : « Peut-être pourrais-je arriver à écrire l'histoire oubliée par tant d'historiens, celle des mœurs. » Et d'ajouter : « La société française allait être l'historien, je ne devais être que le secrétaire. »

Depuis la Seconde Guerre mondiale, nous n'aurions donc pas appris de nos errements ?

Je le crois. Le système actuel détruit la planète à une vitesse folle et met en jeu la survie de l'humanité à moyen terme. S'il est évidemment impossible d'établir une comparaison, j'y vois des dynamiques et des prédispositions psychologiques qui m'inquiètent. À nouveau, qui sommes-nous, en tant qu'espèce, pour nous retrouver dans une telle situation ?

Dirais-tu que tes œuvres littéraires et cinématographiques ont été portées par une volonté de raconter d'autres versions du réel ?

Tu as raison. C'est agréable de se rendre compte qu'après autant d'années d'écriture, il y a comme une ligne directrice qui se dessine ! Ayant réalisé ce parcours intérieur de ne jamais prendre pour argent comptant des récits qui paraissent trop beaux pour être vrais, mon travail consiste à élaborer des fictions qui proposent une autre version de la réalité que celle écrite par les politiques, les médias ou le secteur privé. Au fil du temps, cela est devenu à la fois une façon de regarder le monde et une posture intellectuelle. Par exemple, le lendemain des attentats du 11 janvier 2015, le récit que nous entendions tous en boucle affirmait que trois millions de personnes étaient descendues dans la rue pour dénoncer cet acte ignoble. Je m'en réjouissais, pleinement conscient qu'il s'agissait d'une réaction extraordinaire. Néanmoins, mon rôle, sans aucune arrière-pensée ni intention machiavélique, est de poser les questions suivantes : où étaient les soixante-cinq autres millions de Français qui n'étaient pas dans la rue ? Que pensaient-ils ? Pourquoi cet événement sidérant ne les a pas poussés à rejoindre ce cortège ?

L'artiste porte en lui une inquiétude parfois plus aiguë et plus aiguisée sur le monde. Pour moi, c'est d'autant plus vrai que je puise les matériaux de mon travail dans des événements réels. Par exemple, en raison de mes origines irlandaises et de mon fort intérêt pour l'histoire des États-Unis, je me suis intéressé à la famille Kennedy. En travaillant tour à tour comme journaliste d'investigation, enquêteur et écrivain, je me suis rendu compte à quel point la version officielle des assassinats de John Fitzgerald Kennedy et de son frère Robert était un tissu de mensonges fabriqués de toutes pièces. Cette approche qui vise à déconstruire la mythification de la réalité est complexe, car aujourd'hui la moindre personne qui souhaite suivre une telle démarche se voit immédiatement soupçonner de complotisme.

Tu dois être habitué à cette accusation ?

C'est régulièrement mon cas, en effet ! Le pire aujourd'hui, c'est que l'on se sert de la présomption de complotisme pour faire taire ce qui reste d'esprit critique. Du moins pour essayer.

Et si tu étais paranoïaque ?

Ma suspicion n'est pas systématique, et les théories complotistes ne m'excitent pas. Je travaille sur des récits en nombre très réduit, que je choisis notamment en fonction de la richesse psychologique des protagonistes qui sont impliqués. Plus précisément, ce qui me passionne avant tout, c'est la complexion mentale de ceux qui passent à l'acte, même si, bien que j'entre dans leurs têtes, je n'entends pas pour autant réaliser un diagnostic médical des potentielles pathologies dont ils souffrent. Ma grille de lecture est psychologique, mais non psychanalysante. Autrement dit, au-delà des aspects économiques, politiques, sociologiques, culturels ou que sais-je encore, je choisis toujours de me concentrer sur l'humain pour tenter de percer la façon dont il pense et agit.

Quelles sont alors les raisons profondes qui te motivent ?

Les questions qui m'obsèdent sont celles du libre arbitre et de la possibilité que nous avons, ou non, d'échapper au déterminisme. Quelle est la part de ce que nous contrôlons vraiment et celle qui est due à la pression sociale et au milieu où nous avons grandi ? Quelles sont les motivations qui animent chacun d'entre nous à changer le cours des choses ou, au contraire, à préférer l'asservissement ? Dans *Avenue des Géants*, j'ai travaillé sur le tueur en série Edmund Kemper, qui a tué ses grands-parents à l'âge de 15 ans et qui a été accusé à la fin de sa vie de dix meurtres. Doué d'une parfaite lucidité sur lui-même, il jouissait d'un QI supérieur à celui d'Einstein. Il disposait d'une connaissance très fine de son état, mais était incapable de lutter contre celui-ci. Sa psychologie pose donc la question suivante : que peut l'intelligence contre les stigmates d'une enfance dramatique ? Comprendre le pervers narcissique, celui qui a une haute estime de lui-même, qui se plaît à faire le mal, à détruire l'autre, à exercer son pouvoir n'est pas inintéressant quand nous constatons la façon dont nous agissons collectivement aujourd'hui. De la même manière, quand en 2014 j'écris une enquête sur Xavier Dupont de Ligonnès pour *Vanity Fair*[20], je le fais pour éclairer la psychologie d'un homme qui a décimé sa famille, et non pour essayer de déterminer s'il est encore en vie ou non.

Je me mets également au travail sur certaines affaires quand des éléments factuels semblent entrer en contradiction avec le récit officiel. Ce fut le cas avec l'affaire du sous-marin nucléaire K-141 *Koursk*: je ne comprenais pas comment, avec la technologie dont les Russes disposaient à l'époque, en 2000, il était soi-disant impossible d'aller chercher les survivants qui n'étaient qu'à 100 mètres de profondeur[21].

Dans cette plongée au cœur de la psychologie humaine réside un invariant du travail de Marc Dugain, celui de faire entrer en résonance la grande Histoire et des récits à hauteur d'homme, de femme, d'enfant. Se faisant, il met des visages sur ceux qui pensent le monde, agissent en son sein et qui souvent tentent de trouver un sens à leur vie.

Dans son film, *L'Échange des princesses*, adaptation du roman de Chantal Thomas, Marc Dugain donne vie à l'idée audacieuse de Philippe d'Orléans, régent de France depuis la mort de

Louis XIV. En 1721, pour consolider la paix avec le royaume d'Espagne, il décide de marier sa fille âgée de 12 ans, Mlle de Montpensier, à l'héritier du trône d'Espagne, et Louis XV à l'infante d'Espagne, Anna Maria Victoria, âgée de 4 ans.

Dans ce film en costumes et à l'esthétique très travaillée, à aucun moment le réalisateur ne choisit sciemment de faire référence à des problématiques contemporaines. Nul besoin de le faire, car il sait que les êtres humains sont mus par des ressorts immuables. Ainsi, en regardant le film, comment l'œil contemporain pourrait-il passer à côté des relations de pouvoir, de la prégnance des épidémies, de la place de la religion dans notre culture ou encore de celle des enfants dans notre société? Dès lors, il s'agit de se détacher de la grandiloquence des événements pour explorer les profondeurs de l'âme humaine. Marc Dugain pose ainsi un regard plus intimiste sur les moments décisifs qui façonnent l'Histoire.

Je me souviens également de ton long article sur la disparition du vol MH370 paru dans *Paris Match*.

J'ai réalisé cette enquête car je connais le monde de l'aviation civile pour y avoir travaillé, et lors de mes recherches j'ai rencontré Ghyslain Wattrelos, qui a perdu sa femme, sa fille, son fils et la petite amie de celui-ci dans ce qui demeure l'une des plus grandes énigmes du XXIe siècle. Ce qui m'a intéressé ici, c'est la lutte d'un homme contre le récit qui peu à peu se met en place et qui ne colle pas avec la réalité. Cette situation est précisément celle que nous pouvons ressentir face à la machine capitaliste néolibérale. Quand il a cherché la vérité, c'est-à-dire à s'extraire du discours officiel, il s'est heurté aux silences des autorités, à la solitude, à la violence du processus de marginalisation. C'est la première fois que j'ai reçu des menaces de mort pour une investigation, de la part des services secrets anglais, ce qui en général est plutôt encourageant sur la direction que l'on a prise.

Pour traiter de ces sujets, l'essentiel est de mener une véritable enquête, se renseigner longuement, déployer une méthode composée d'hypothèses et de déductions, établir des relations privilégiées avec des gens susceptibles de m'aider. Parfois, en réalisant ce travail, j'ai suivi des pistes qui se sont avérées des impasses et j'ai abandonné. C'est également en cela que je ne suis pas un paranoïaque. Je ne m'accroche pas à une version de la réalité à laquelle j'aurais donné vie et que je défendrais *ad vitam*, sans tenir compte de potentielles nouvelles révélations. Je passe par la fiction pour raconter mes découvertes et parler à une partie plus subjective de notre cerveau.

Passer par les émotions te permet-il de t'approcher davantage de la vérité que n'importe quelle explication factuelle ?

Je n'ai pas cette prétention. Je dirais que mon travail consiste plutôt à réaliser des remises en perspective littéraires sur des affaires sensibles. Pour le dire autrement, je n'accorde pas tant d'importance que cela aux événements en eux-mêmes. L'approche fictionnelle me permet de décortiquer et d'étudier ce qui demeure le plus important à mes yeux, le facteur humain. Je reviens à l'exemple des Kennedy et plus largement à l'ensemble du mandat de John Edgar Hoover, directeur inamovible du FBI de 1924 à 1972, qui mentait et manipulait en permanence pour exercer son pouvoir. Si bien sûr il y a les faits qui permettent de raconter ce mandat fleuve, je choisis de me concentrer sur la personnalité de cet homme qui le poussera à tant de malversations. Pendant toute cette période, et notamment avec l'assassinat de ces deux frères, l'un Président en exercice et l'autre candidat en passe de le devenir, les États-Unis connaissent une mutation culturelle décisive vers la violence. Et je crois que le pays ne s'en est jamais remis, car, à force de distordre la réalité et de vouloir masquer la vérité, leur société a perdu pied. La population ne sait plus qui croire. Elle confond réalité et fiction jusqu'à créer des *fake news* qui mettent aujourd'hui le pays au bord du gouffre. Je fais de cette époque un point de bascule, car c'est à ce moment-là qu'une contre-culture émerge, dont Woodstock demeure le symbole absolu, que la guerre au Vietnam est violemment critiquée, que la jeunesse entre en rébellion.

Dès lors, le culte de la consommation devient le moyen de calmer les esprits et d'endormir le peuple. Les États-Unis trouvent dans le modèle capitaliste néo-libéral dont nous avons longuement parlé une façon de se réinventer et l'imposent au monde entier. Pendant des années, et encore aujourd'hui, nous prenons ce pays pour exemple. Mais, au lieu de rester bouche bée devant l'opulence qui y règne pour une minorité, regardons les excès que provoquent des crises terribles comme celle des *subprimes*. Regardons les inégalités et la violence sociale inimaginable qui y règnent. Regardons le communautarisme et le racisme. Regardons le nombre de tueries perpétrées par des adolescents. Regardons, comme je l'ai souligné précédemment, comment ils idolâtrent le Dieu dollar en tenant Jésus en laisse. Regardons les conséquences abominables de leurs interventions sur la scène internationale, aux Proche- et Moyen-Orient. Je ne peux pas tolérer que nous soyons les serviteurs de ce pays. Je ne suis pas admiratif d'une société si fracturée qu'elle se retrouve aujourd'hui au bord de la guerre civile. Et pourtant, ils se permettent encore de donner des leçons de démocratie au monde entier, y compris en usant de la force. C'est un véritable crève-cœur pour moi, car, adolescent, j'ai été sensible à ce *soft power* américain et aux espoirs portés par la contre-culture. Et je le reste. Cette analyse, je lui donne vie grâce à mon travail de romancier, qui me permet d'explorer différemment le réel.

Tous tes espoirs se sont-ils envolés ?

Je serais évidemment plus enjoué et serein si je voyais autour de moi que cette course folle à l'exploitation du monde était massivement critiquée et qu'une volonté de la stopper poignait à l'horizon. Je me porterais également un peu mieux si la sobriété devenait un objectif individuel et collectif enthousiasmant.

Néanmoins, l'optimisme n'est pas de mise ?

Quand on me parle d'optimisme, j'ai à l'esprit l'histoire des Juifs durant la Seconde Guerre mondiale. Les optimistes ont fini à Auschwitz. Les pessimistes ont fini à Hollywood. J'assume ma tendance naturelle au pessimisme, qui s'explique par mon histoire. Très jeune, cette relation de proximité et d'intimité avec ceux qui ont fait la Première et la Seconde Guerre mondiale a limité ma confiance en l'espèce humaine. J'en garde un souvenir incandescent et, même si je n'ai pas connu ces conflits, je demeure incapable de me remettre psychologiquement de ces atrocités. Je reste ainsi totalement insensible à l'optimisme béat et à la rhétorique selon laquelle nous vivrions actuellement la meilleure période de notre histoire. Je ne crois pas non plus à la méthode Coué qui affirme que l'Homme a toujours su retomber sur ses pattes. Et, surtout, je ne peux pas me satisfaire de la situation dans laquelle nous sommes. Pardon, mais je ne m'enthousiasme pas du moindre mal ! D'une certaine façon, je continue d'être indigné parce que je veux encore croire au meilleur de l'être humain, alors que ceux qui appuient sur l'accélérateur de la destruction sont déjà résignés.

Ensuite, je me demande même si ta question est encore pertinente. Je crois qu'il faut acter que le futur sera très compliqué et à bien des égards douloureux. Qui peut soutenir le contraire ? Même ceux qui sont convaincus de pouvoir retourner la situation et inventer des futurs utopiques ne nient pas les obstacles inédits qui se trouvent sur leur chemin. Je crois ainsi que cette distinction entre optimisme et pessimisme n'a plus de sens dans le monde actuel. A-t-elle déjà été éclairante, d'ailleurs ?

C'est comme me dire que l'Homme est grand en citant Léonard de Vinci, Victor Hugo ou Marie Curie. Mais allons demander aux familles juives qui ont vécu dans les années 1940 si l'Homme est grand. Allons demander aux Rwandais qui ont subi le génocide si l'Homme est grand. Allons demander aux Ouïghours si l'Homme est grand. Allons demander aux Ukrainiens si l'Homme est grand.

Comment expliquer la petitesse de l'être humain face au péril qui nous guette ?

Je tiens à préciser que je déplore cette petitesse avec une immense modestie, car je ne me considère pas comme un exemple et encore moins dans la position de donner des leçons. Ce qui est certain, en revanche, c'est que notre incapacité collective à changer le cours des choses paraît proprement inhumaine. J'en fais le constat sans me dédouaner. Néanmoins, j'éprouve toujours un profond malaise quand je vois notre détermination à coloniser Mars. Si je suis fasciné par les découvertes que nous réalisons en termes de conquête spatiale, je garde à l'esprit que des centaines de millions de personnes crèvent de faim sur Terre. Tout ça a été dit et redit. Je souligne simplement le faible intérêt que nous portons à nos propres vies et le peu d'efforts pour former une communauté humaine solidaire.

Je ne juge pas de la grandeur des hommes à leurs capacités techniques, aussi extraordinaires puissent-elles être. Ma conception de l'humanité, ce en quoi j'ai foi, c'est la relation que nous entretenons avec nous-mêmes, avec les autres et avec le vivant. C'est cette relation qui est en mutation.

Te considères-tu comme un lanceur d'alerte ?

Le terme est trop galvaudé, et je préfère celui de veilleur de nuit. Je suis celui qui clame haut et fort que le futur que nous préparons actuellement nous éloigne de notre humanité. Je cherche ainsi à réveiller le plus de monde possible de la léthargie dans laquelle nous sommes plongés en voulant à tout prix éviter que les récits du capitalisme néolibéral et du numérique nous embrigadent, nous soumettent et nous conforment à leur vision mortifère. Nous devons multiplier nos efforts pour sortir des griffes de cette servitude volontaire, car, malheureusement, je sais trop bien où cet aveuglement peut mener…

IV

Défendre sa liberté, envers et contre tout

Tu évoquais le danger de la servitude volontaire. Pourquoi le conformisme dont est capable l'être humain t'interroge-t-il à ce point ?

C'est un sujet intéressant que celui du conformisme et de la distinction. L'être humain est très conformiste, il veut être comme les autres et en même temps il cherche à se distinguer, à sortir de la masse. Il veut être l'élu, être unique. Et le numérique lui donne aujourd'hui la possibilité d'exprimer sa prétendue originalité tout en s'intégrant parfaitement au troupeau de moutons. La véritable originalité est une qualité rare et précieuse. Le conformisme participe de la soumission qui consiste à se comporter tous pareils, à aller dans le même sens, à chanter les mêmes hymnes. J'ai toujours considéré le conformisme comme l'abandon d'une partie de son champ de conscience, d'une réduction de son potentiel intellectuel, mais, bien sûr, il est difficile d'y échapper. Il existe un conformisme du combat climatique et environnemental, comme il en existe un du négationnisme écologique.

Pourtant, l'historien Yuval Noah Harari a montré dans son livre *Sapiens*[22] que l'humanité s'est développée et a prospéré uniquement grâce à sa capacité à vivre en communauté.

Les conditions ont changé entre la tribu de chasseurs-cueilleurs, de quelques dizaines d'individus, qui devaient éviter de se faire tuer par une attaque d'ours sauvage et les huit milliards d'individus que nous sommes, ultraconnectés pour la plupart et dont les trois quarts habitent dans des villes. On ne peut comparer les deux situations sans tenir compte de ces changements.

Ensuite, personne ne dit qu'il faut rompre avec la solidarité humaine. La question centrale est celle des rapports de pouvoir qui s'installent dans une société et de la place qui reste pour le libre arbitre comme pour la liberté individuelle. Cette dernière n'ayant rien à voir avec l'individualisme, prôné justement pour briser la solidarité. Cette dislocation se produit car, contrairement au modèle fasciste des années 1930, nous ne sommes pas muselés par un pouvoir autoritaire central. Au contraire, nous faisons l'expérience d'un affaiblissement considérable de la légitimité de l'État, qui peine aujourd'hui à maintenir ses prérogatives historiques : une justice équitable, la protection des citoyens, le monopole de la violence légitime à travers l'armée et la police. Son impuissance ne cesse de croître.

Mais obéir au gouvernement, c'est moralement obligatoire, dirait La Boétie.

Si le gouvernement est légitime ! Or tout le problème est là. En France, monarchie présidentielle, le monarque représente un peu moins d'un tiers de l'opinion exprimée dans un climat d'abstention croissante. Notre système politique est mis en échec par la faible légitimité dont il jouit. Et je vais le dire de façon plus directe encore. La politique me fait penser au film *La Nuit des morts-vivants*[23] : ils sont morts, mais ils ne le savent pas. Le système politique repose sur une France qui n'existe plus. Comment les institutions peuvent-elles résister face à un tel désengagement de la population ? Pour l'instant, la réponse me semble limpide : elles ne résistent pas, elles s'effritent et laissent le soin au récit techno-progressiste de reconfigurer la société. Ceux qui détiennent la vision du monde de demain, ce ne sont plus les hommes et femmes politiques, ce sont les GAFAM et leurs dirigeants. Pour la première fois de notre histoire, le destin de l'humanité se retrouve dans les mains du secteur privé qui a sa propre idéologie, essentiellement libertarienne.

Des forces de résistance existent pourtant. Certes, elles passent de moins en moins par le vote, mais de plus en plus par la rue, par exemple. Dirais-tu que les formes de contestation commencent à changer ?

Je pense que nous allons connaître de plus en plus de crises de colère épidermiques. Néanmoins, si elles sont légitimes, elles demeurent pour l'instant incapables de proposer des alternatives viables. Un cri du cœur comme celui des Gilets jaunes s'inscrit parfaitement dans la logique du récit consumériste. Le bilan de plusieurs mois d'affrontement fait pitié. Non seulement il a été impossible de débattre sereinement sur des scénarios de réorientation de notre économie à long terme, mais surtout la paix sociale a été achetée avec quelques centaines d'euros, qui auront certainement été dépensées dans les plus beaux temples de la consommation capitaliste ! Et pendant ce temps, la taxe carbone, une proposition formulée pour préparer l'avenir, a été enterrée. Je caricature à dessein, mais nous voyons bien que ces grognes, sans réelle colonne vertébrale en termes de valeurs et d'idées concernant le monde de demain, restent inoffensives pour le système en place. Nous sommes très loin de Mai 68, où il y avait des situationnistes, des maoïstes, des marxistes, des communistes staliniens… Les grandes manifestations auxquelles nous assistons sont totalement désidéologisées. S'il s'agit de dire « non » mais sans proposer d'alternatives, cette attitude relève plus de la nostalgie que de la prospective.

Je ne dis pas que taper du poing sur la table ne sert à rien. J'applaudis quand le personnel médical, qui a été sur le front pendant la crise de la Covid-19 et qui travaille dans des conditions si déplorables le fait, ils ont raison. Néanmoins, pour renverser la table, il faut embrasser le récit strictement opposé à celui de la croissance infinie. Or ce n'est absolument pas la direction dans laquelle nous allons. Quand la population gronde contre l'augmentation du prix de l'essence ou de l'électricité, réfléchissons-nous à la transition énergétique que nous devons impérativement réaliser, et pas simplement à notre facture mensuelle ? Certains, les plus riches d'entre nous, pourraient absorber cette hausse des prix et d'autres pourraient être aidés par l'État. La fiscalité écologique devrait rapidement être mise à l'ordre du jour car nous ne sommes qu'au début de chocs énergétiques colossaux.

Pourquoi de telles propositions ne voient-elles pas le jour?

Parce que nous restons englués dans de vieux modèles de pensée, devenus complètement caducs face aux événements contemporains. Malheureusement, je crains que la colère qui se fait entendre dans la rue ne soit mue que par des intérêts économiques et une revendication libertaire très prosaïque à la sauce «Je fais ce que je veux quand je veux». C'est la défense parfaite du monde d'avant! Et si demain le ministère de l'Écologie décidait de limiter l'utilisation des tondeuses à gazon et des débroussailleuses pour des raisons de consommation énergétique, de pollution sonore ou de préservation des écosystèmes, je te garantis que ce ne sont pas quelques milliers de Gilets jaunes qui battraient le pavé, mais un million de personnes!

Regarde comment le numérique s'insère à nouveau parfaitement dans cette situation... Le ras-le-bol d'une classe politique qui n'est pas à la hauteur, couplé à une volonté permanente de s'enrichir matériellement, alimenté par le spectacle du capitalisme néolibéral, amène la population à se rapprocher du numérique en pensant pouvoir échapper au déterminisme social et aux maux qui la touchent. Après tout, avec les réseaux sociaux, tout le monde peut devenir riche. Avec les nouvelles technologies, chacun peut créer sa propre entreprise. Alors que l'État et la société se meurent, la *start-up nation* arrive tel le sauveur ! Mais il ne s'agit en rien d'un sauvetage, encore moins d'une bifurcation, mais d'un renforcement des logiques déjà en place. Nous nous jetons dans les bras du démon en pensant trouver une échappatoire !

Nous voyons ici à quel point l'embrigadement que nous subissons diffère de celui orchestré par le fascisme. Les mécanismes de la consommation insatiable ne demandent pas aux individus de croire à des idéaux ou à des valeurs, ce qui dans les régimes totalitaires finit toujours par se fissurer, mais s'adressent directement à l'épicentre de nos addictions. Et les partisans de cette idéologie se servent du numérique comme d'un écran de fumée pour renforcer leur oppression. D'ailleurs, je suis toujours effrayé par le nombre de personnes qui ne se sont jamais posé la question du récit dans lequel elles étaient plongées. Preuve qu'ils ont réussi leur pari.

Jérôme Fourquet, politologue et directeur du département opinion et stratégies d'entreprise de l'institut de sondages Ifop, affirme que la consommation, au-delà de satisfaire nos besoins et désirs, constitue un mode d'intégration sociale. Consommer, c'est appartenir au système.

Et se sentir appartenir. La consommation comme moyen d'enrôler et d'embrigader fonctionne également grâce au mécanisme du désir mimétique. Tu désires un nouveau sac à main de telle nouvelle marque à la mode car tu as vu les autres le porter. À nouveau, au-delà de l'aspect purement commercial, il s'agit d'une dynamique civilisationnelle immuable, comme l'a parfaitement montré René Girard. Ce que je m'efforce d'exposer ici, c'est à quel point les logiques du capitalisme néolibéral épousent parfaitement notre fonctionnement physiologique et mental. Sans trop y prêter attention, nous finissons par devenir des petits moutons de Panurge. Or, qu'espérer d'une société de panurgistes ? Une société humaine éclairée et consciente de cela devrait pouvoir contrecarrer ces effets de la consommation mimétique pour que le collectif ne tienne pas que sur des relations marchandes.

Le sociologue Jacques Ellul, penseur de la technique et du numérique, faisait une distinction entre la propagande politique et la propagande sociologique. La première est directe, coercitive, plus verticale, car souvent incarnée par un chef identifié. C'est la propagande des régimes totalitaires. La seconde est plus diffuse, souvent inconsciente, plus horizontale. Ce serait celle du numérique ?

Je persiste à penser que nous sommes dans un tel marasme que nous gobons toutes les promesses des GAFAM. Prenons celle de la désintermédiation.

Notre système politique actuel repose sur des corps intermédiaires, et, dans notre démocratie représentative, nous élisons des personnes que nous jugeons aptes à diriger notre ville, notre région, notre pays. Or le numérique prétend l'exact opposé en affirmant que toutes ces personnes sont inutiles et que chacun d'entre nous peut s'exprimer sur tous les sujets et prendre de meilleures décisions. Pour ce faire, vous irez chercher la connaissance sur internet et vous ferez votre choix. Encore une fois, le récit est très séduisant. Mais moi qui suis écrivain, comment je fais pour savoir si nous devons rehausser de 0,25 point le taux directeur de la Banque centrale européenne ? Comment je fais pour savoir si nous devons augmenter le nombre de procureurs de la République ? Je vais aller taper sur mon moteur de recherche « Faut-il rehausser le taux directeur de la BCE ? ». Cette logique est une défiance de l'expertise et donc du savoir. Plus prosaïquement, n'importe quel médecin voit quotidiennement des malades lui dire les raisons du mal qui les affecte, forts de la lecture de trois articles en ligne et d'un blog.

Remets-tu en cause l'intelligence collective, autre promesse des géants du numérique ?

La participation de tout le monde, tout le temps, sur tous les sujets nous embrigade dans un autre système qui n'est pas nécessairement meilleur que le précédent et qui ne relève en rien de l'intelligence collective. Car, pour que cette dernière puisse fonctionner, il faudrait former les électeurs à savoir décortiquer et analyser un sujet. C'est à cette condition que nous pourrions nous tourner vers des modes de décision plus collectifs, mais pour l'instant ce n'est pas le cas. Le partage tous azimuts de nos opinions sur les réseaux sociaux – dans ce que le numérique vend comme une chance formidable de faire l'expérience de la liberté d'expression absolue – constitue en réalité une nouvelle forme de dictature de la pensée, bien plus efficace que la censure.

Penses-tu que la conviction intime des géants du numérique pourrait être résumée par la phrase de Dostoïevski dans *Les Frères Karamazov*, « Ils déposeront leur liberté à nos pieds. Ils nous diront : faites de nous vos esclaves, nous voici » ?

Absolument. Nous abandonnons déjà notre liberté, en particulier contre le sentiment de sécurité promis par l'appareil de surveillance numérique généralisé. Ce dernier constitue l'une des causes très profondes, peut-être même la principale cause du conformisme que nous évoquions.

Et si la surveillance était le meilleur moyen de protéger les populations ?

Certainement pas ! Il est important de rappeler que le développement de la surveillance numérique s'est fortement accéléré après les attentats du 11 septembre 2001 à New York. De façon concomitante, la croyance grossière selon laquelle « la surveillance généralisée est pour votre bien » est devenue largement partagée. Or le nombre de morts causé par des attaques terroristes demeure très faible. Il se situe aujourd'hui autour de 30 000 par an dans le monde. En France, depuis 2015, année la plus meurtrière, cela représente moins de 300 morts. La Covid-19 a déjà fait près de 170 000 morts chez nous et près de 7 millions au total ! Évidemment, comparaison ne vaut pas raison, mais je commence par ces chiffres pour dire que la sécurité comme argument principal pour justifier la surveillance généralisée doit d'entrée être nuancée.

À la suite des attentats des tours jumelles, comme souvent dans ces drames, et peut-être particulièrement pour celui-ci, la chaîne de responsabilités n'a pas été remontée entièrement. N'oublions pas que les États-Unis ont formé des soldats d'Al-Qaïda pour combattre les Russes en Afghanistan. Ils leur ont fourni des armes. La remise en perspective historique permet d'éviter une analyse qui resterait cantonnée à la sidération des images de ces deux immeubles qui s'effondrent. De la même façon, comment est né l'État islamique et comment expliquer son efficacité ? Parce que ce sont essentiellement des cadres laïques du régime de Saddam Hussein qui étaient formés au renseignement et capables de passer à l'action en terrain ennemi. Beaucoup d'entre eux ont été emprisonnés, torturés et humiliés dans des prisons militaires américaines comme Abou Ghraib. Quand ils sont ressortis, ils n'avaient plus pour seule obsession que de détruire l'Occident. Ce récit, difficilement audible pour un Américain, éclaire pourtant une vérité que nous avons voulu occulter.

Si je dis tout cela, ce n'est pas pour accuser les États-Unis, ce n'est pas non plus pour trouver des excuses aux attaques terroristes qui sont évidemment une infamie. J'ai perdu un proche au Bataclan, j'ai vécu dans des pays arabo-musulmans et j'ai vu les actions horribles des extrémistes, donc je n'ai aucun état d'âme. En revanche, contrairement à la déclaration de Manuel Valls, je ne considère pas qu'« expliquer, c'est déjà vouloir un peu excuser[24] ». Nous devons faire cet effort de compréhension si nous souhaitons opter pour un récit, certes plus complexe, mais aussi plus fidèle à la réalité. L'histoire selon laquelle quelques terroristes sèment la terreur dans le monde par surprise est une fiction inventée de toutes pièces. Je réfute cette vision et je n'accepte pas que la surveillance numérique soit présentée comme une solution pacificatrice.

Dans l'exemple des guerres contemporaines menées par les États-Unis, en Irak comme en Afghanistan, je retrouve la même perplexité que nous évoquions ensemble quand je ne comprenais pas la joie des poilus de la Première Guerre mondiale qui montaient au front. Combien de G.I.'s sont partis pour défendre leur drapeau avec fierté et sont revenus détruits psychologiquement, avec le sentiment que ce conflit n'avait ni queue ni tête ? Je ne peux pas m'en réjouir, mais nous constatons que l'arrogance de l'Occident dans la façon dont il a voulu régler tous les problèmes du Proche- et du Moyen-Orient prend fin. Le meilleur exemple reste la reconquête des talibans en Afghanistan, de manière fulgurante. En quelques jours, tout le pays bascule, alors que pendant dix ans nous avons tenté de rétablir la démocratie, dans sa version américaine bien sûr, et de former une armée autonome. Finalement, cautionner l'arsenal de surveillance numérique sous prétexte qu'il nous protège de la terreur et qu'il évite des débâcles géopolitiques est une faute.

Dans *La Malédiction d'Edgar*, Marc Dugain passe la société américaine au crible en relatant la vie de John Edgar Hoover, qui fut patron du FBI de 1924 à 1972. À travers la voix de son adjoint et amant secret, Clyde Tolson, l'auteur éclaire sous un nouveau jour la société américaine et les forces qui la traversent : le racisme, l'injustice, les relations de pouvoir, l'argent.

Dans le prologue, un homme achète à une maison d'édition le manuscrit de Clyde Tolson en vue de réaliser un film. À l'éditrice qui se montre sceptique quant à l'intérêt du projet, l'acheteur, qui a conscience que l'envers du décor de la grande Histoire n'intéressera peut-être pas les foules, déclare :

« Pour le moment, c'est un projet indépendant, sans les grands studios. Un regard critique sur une tranche de notre histoire ne fait pas partie de leurs préoccupations immédiates. Nous allons essayer de nous débrouiller, tenter de trouver un angle artistique qui attire les spectateurs. Le public ne s'intéresse plus à la recherche de la vérité, au mieux il s'en divertit, au pire elle l'ennuie, car il se persuade qu'elle ne lui est pas accessible. Sauf si des imposteurs lancent des thèses extravagantes qui flattent sa tendance au manichéisme, sa paresse, et le confortent dans l'idée qu'il est la victime d'une minorité machiavélique qui mène le monde. Comme si cette engeance-là n'était pas l'émanation de ses propres contradictions… À vouloir se contenter d'une seule vérité, ce qui demande effort et abnégation, on n'accède à aucune. »

Tous les récits de Marc Dugain mettent en lumière la pluralité des récits et des regards possibles sur chaque événement historique. Embrasser cette vision kaléidoscopique requiert non seulement de l'humilité, mais également la possibilité d'exercer son libre arbitre. La liberté est une valeur non négociable, sous aucun prétexte.

Si cette surveillance généralisée n'existait pas, les attaques ne seraient-elles pas plus nombreuses ?

C'est en effet toujours une interrogation qui demeure. En creux, cela pose la question de l'efficacité du système de surveillance. Malheureusement, certaines attaques terroristes ne peuvent être anticipées, puisque les passages à l'acte sont extrêmement rapides. D'autre part, les attentats déjoués le sont avant tout grâce au renseignement humain[25].

Ensuite, il existe en France comme dans de nombreux pays des actes de délinquance, des trafics de drogue, des vols par centaines. Est-ce que cela a justifié la mise sous surveillance de la population ? Je continue : les crimes domestiques et singulièrement les crimes pour raisons conjugales provoquent-ils la mise sur écoute et l'installation de caméras dans toutes les maisons du pays ? L'escroquerie consiste à dire que, pour combattre efficacement le terrorisme ou tout acte répréhensible, il est nécessaire de pouvoir pomper les données de tout le monde. C'est une mystification de l'industrie numérique, et les dérives potentielles sont colossales. Regarde où en est la Chine aujourd'hui avec son crédit social… Le cauchemar ! Alors, tu me répondras que c'est la Chine, que nous, en France, nous avons un état de droit et qu'une telle dictature numérique ne peut pas arriver. Mais si, un jour, un gouvernement décide de le mettre en place, il aura toute l'infrastructure pour le faire. Je m'oppose à ce système de surveillance, car je sais qu'il peut nous faire chavirer vers un état irréversible de soumission.

Jacques Ellul expliquait que c'est en utilisant aveuglément les moyens techniques à notre disposition que nous devenons des esclaves, nos propres esclaves.

Sans nous en rendre compte, nous œuvrons, y compris les fervents défenseurs des technologies d'ailleurs, au rétrécissement de notre champ de liberté. Et c'est ici que l'IA pourra faire la démonstration de toute sa puissance. Elle imposera des décisions qui nous apparaîtront irréfutables tant elles seront drapées d'un voile d'objectivité. Cela finira par nous enfermer dans des bulles où il sera impossible d'avoir conscience des biais et angles morts que nous subissons. Ainsi, votre banquier vous refusera un prêt immobilier jugeant, grâce aux données récoltées, que vous êtes instable psychologiquement. Il n'y aura même plus besoin d'envoyer les gens en prison ou de distribuer des amendes, il suffira au système numérique capitaliste de vous refuser tout prêt bancaire ou de bloquer votre carte bleue. Si cela arrive, il sera déjà trop tard, et nous n'aurons plus que nos yeux pour pleurer.

Sauf que l'appareil de surveillance généralisée est déjà en place...

Bien sûr, ils ont réussi leur coup. Aujourd'hui, quasiment personne ne peut échapper à la surveillance de la machine numérique, hormis si vous êtes un professionnel aguerri de la marginalité et au prix d'efforts colossaux.

Donc, s'opposer à ce qui existe déjà pourrait constituer une posture confortable, qui flatte l'ego contestataire, mais qui ne prend pas acte du monde numérique dans lequel nous vivons désormais. Comment résister ?

Je ne suis pas crédule, je sais que cette bataille est perdue. Néanmoins, la soumission au récit dominant m'est insupportable. Je ne laisse pas passer, je ne laisse pas tomber, je ne passe pas à autre chose comme si cela était «le sens de l'Histoire». Tu peux considérer cela comme la vision d'un *boomer* ou comme celle d'une personne qui lutte, au moins intellectuellement, contre la pensée unique du numérique. Pardon de ne pas abandonner une vision, certes idéaliste, mais enthousiasmante, d'un être humain qui dispose de tous les moyens pour conserver son humanité. Résister au nom de la liberté, c'est quand même un sacré souffle de vie!

Je continue de jouer l'avocat du diable. Prenons acte que le système de surveillance existe, ne peut-il pas devenir le meilleur moyen d'éradiquer toutes les causes de mortalité que tu mentionnais? Dans quelques années peut-être, les violences conjugales auront très fortement diminué, car les enceintes connectées comme Alexa ou Google Home pourront donner l'alerte, les morts sur la route également, car la police communiquera, en temps réel, avec le conducteur pour lui signaler son comportement dangereux, les organismes de santé pourront surveiller la consommation d'alcool et de drogues pour anticiper des actes violents…

Félicitations, tu aurais toute ta place à la direction stratégique d'un des GAFAM! Je ne reviens pas sur l'hérésie que représente pour moi une telle argumentation, qui tiendrait en laisse toute la population. Ensuite, laisse-moi te dire que je n'aime pas du tout cette approche, car elle tend à hiérarchiser la valeur des morts. En jouant l'avocat du diable, tu montres parfaitement que l'industrie numérique cherche avant tout à faire de l'argent grâce aux données collectées. Combien de morts y a-t-il eu en Irak ? Combien de morts en Syrie ? Combien de morts au Kurdistan ? Combien y en aura-t-il en Ukraine ? Que fait le numérique pour protéger ces millions de personnes ?

Donc, si tu veux, la rhétorique selon laquelle c'est inadmissible et horrible de voir un Français se tuer sur la route car il est ivre au volant alors que des milliers de migrants meurent en Méditerranée parce qu'ils fuient des guerres atroces, je ne peux pas l'entendre. C'est le conditionnement dans lequel ils veulent nous enfermer. Ce ne sont pas des enfants de chœur, et encore moins l'incarnation de la Providence !

Tu penses donc que l'industrie numérique utilise le chaos, notamment les menaces terroristes, pour installer son appareil de surveillance en collectant toujours plus nos données et en continuant de réduire nos libertés ?

C'est un fait, et c'est peut-être même pire que cela. Car, si le système de surveillance généralisée ne répondait qu'à des objectifs sécuritaires, l'industrie numérique n'aurait pas les moyens de le financer. Aucune entreprise ou agence de sécurité dans le monde n'a les capacités de mettre un tel dispositif en place, quand bien même pour éviter quelques attentats terroristes par an. Le retour sur investissement des multinationales du numérique tient à l'exploitation des données et aux informations qu'elles en retirent pour nous vendre leurs produits et services. Ainsi, c'est parce que les GAFAM veulent collecter des données massivement qu'ils favorisent un système de surveillance généralisée. Dès lors, le terrorisme devient l'alibi parfait pour le faire sans que personne ne s'y oppose avec véhémence et en passant sous silence des responsabilités géopolitiques, militaires, économiques de premier ordre – ce qui arrange bien les pouvoirs étatiques, par ailleurs.

La même logique a prévalu lors de l'épidémie de la Covid-19, qui a représenté une aubaine inespérée pour s'immiscer un peu plus dans nos vies. Le président de Google a considéré qu'il s'agissait d'une divine surprise, car cette crise sanitaire devenait l'excuse parfaite pour renforcer le passage à la civilisation numérique. Toutes les entreprises ont unanimement repris ce refrain en affirmant que nous avions gagné dix ans quant à l'adoption des nouveaux outils numériques. Nous nous sommes tous retrouvés derrière nos écrans, et nous devions nous en réjouir comme des enfants avec leur nouveau jouet. C'est l'ère de l'Homme immobile, assis sur sa chaise, derrière son écran. Tout cela s'est déroulé sans aucune violence. À pas feutrés, cet asservissement nous fait passer de simples esclaves économiques à esclaves politiques. Cette période a promu l'idée que le contact humain peut être évité, que la relation numérique vaut mieux que la relation physique. Or c'est l'autre qui nous maintient en équilibre. Sans la confrontation à l'autre, c'est le délire assuré, donc la psychose. Les génies du numérique étant à peu près tous névrotiques, pour ne pas dire psychotiques, avec de gros problèmes de communication avec leurs semblables, ils ne sont pas sensibles à la déshumanisation des rapports qu'ils provoquent.

Ta position relève peut-être d'une vision dépassée de la distinction entre vie privée et vie publique ? Après tout, les nouvelles générations considèrent les réseaux sociaux comme étant partie prenante de leur vie privée, de leur espace de liberté. Les histoires contées sur la plateforme et les photos échangées remplacent les bancs publics sur lesquels nous tissions nos amitiés il y a dix, quinze, vingt ans ?

Je te rappelle que la « vie privée » constitue la monnaie d'échange pour jouir gratuitement des services numériques qui façonnent désormais nos vies.

Ensuite, j'irai plus loin en affirmant que, pour les géants du numérique, la vie privée est un concept qui n'a pas de sens. Pour comprendre pourquoi les GAFAM ont fait voler en éclats la distinction entre vie privée et vie publique, je vais passer, comme j'en ai l'habitude, par leur psychologie et leur complexion mentale. Cette analyse relève d'une approche comparable à celle que je pourrais utiliser dans mes romans ; je ne peux pas tout prouver, n'ayant pas mené une enquête journalistique, mais la ligne argumentative que je suis me semble pertinente. Nous savons qu'Elon Musk est Asperger, un trouble neurologique qui fait partie du spectre autistique, puisqu'il l'a déclaré à la télévision américaine en 2021. Il existe également de nombreux articles faisant état de comportements autistiques de la part de Mark Zuckerberg, Bill Gates ou Larry Page. Or, parmi les caractéristiques fondamentales des individus Asperger et des personnes autistes en général, on retrouve des difficultés importantes à entrer en relation avec les autres et ainsi une inclination à la solitude. Leur rapport au monde est également singulier, car ils ne savent pas mentir et ne maîtrisent pas certains mécanismes de la communication comme le double langage ou le sous-texte. Nous interprétons d'ailleurs souvent les prises de parole d'Elon Musk comme étant cash, directes, sans filtre. Au moins, lui, « il dit les choses ». En réalité, non seulement c'est la façon de s'exprimer qui correspond à sa complexion mentale, mais, de surcroît, cela correspond à un rapport au mensonge très particulier.

Je fais ainsi le constat qu'une nouvelle normalité triomphe aujourd'hui, la normalité qui émane de ces dirigeants aux caractéristiques psychologiques singulières. Évidemment, je ne porte aucun jugement de valeur, mais, comme j'ai été en contact avec de tels profils et que j'ai travaillé sur ce sujet dans plusieurs de mes romans, je vois comment notre conception du monde en est nécessairement chamboulée. Par exemple, le propre de l'humain étant le mensonge, et pas simplement le mensonge par omission mais le mensonge intentionnel et construit, nous cachons en permanence des choses aux autres, y compris à nous-mêmes. Un être humain équilibré est toujours un mélange de sincérité et d'affabulation. La vie, c'est se raconter des histoires, c'est s'accommoder avec des décisions un peu honteuses ou c'est avoir des désirs que nous ne voulons pas avouer, voire que nous enfouissons au plus profond de nous. Nos mensonges, nos affabulations, nos désirs constituent la sève de nos vies privées. Ils en sont des éléments essentiels.

Or, dans l'idéologie libertarienne des géants du numérique, la vie privée n'a pas sa place, car, comme l'a affirmé Vinton Cerf, Chief Internet Evangelist (*sic*) chez Google en 2013 : « La vie privée est un concept qui a émergé lors du boom urbain de la révolution industrielle. Si bien que cela pourrait très bien n'être qu'une anomalie. » D'ailleurs, quand les GAFAM sont critiqués pour leurs intrusions dans notre intimité, je suis prêt à croire qu'ils disent la vérité quand ils affirment ne pas comprendre ces accusations. Fidèles à leur conception du monde, ces entreprises revendiquent l'idée selon laquelle, dans une société « normale », personne ne cache rien à personne, puisque personne n'a rien à cacher à personne.

J'imagine que cela permet de mieux comprendre leur fascination pour la transparence ?

La transparence totale s'impose partout et tout le temps. Réclamer des espaces et des moments d'intimité devient suspect. Nous comprenons également que l'abolition du concept de vie privée, et ainsi de la vie privée elle-même, ne relève pas en premier lieu d'une volonté de se prémunir d'attaques ou de menaces. La cause première n'est pas la sécurité collective, mais l'incapacité intrinsèque des GAFAM à cacher des choses.

Cela a des conséquences majeures sur nos sociétés. Dans la pratique de la justice, nous vivons par exemple une inversion de la charge de la preuve qui substitue le principe de présomption d'innocence au principe de culpabilité. Pour qu'un tel changement de paradigme puisse se produire, c'est nécessairement que notre rapport à la transparence a changé. Ainsi, grâce à la surveillance généralisée, à la moindre accusation, il devient possible d'aller fouiller dans les messages envoyés ou les appels téléphoniques passés.

On retrouve ici le modèle anglo-saxon de la justice, où la charge de la preuve repose sur l'accusé.

Tu fais une association d'idées intéressante. Cette conception vient également en partie de l'évangélisme américain, qui demande au pécheur de justifier ses actes et de plaider coupable. C'est le célèbre «*plead guilty*». Peut-être que le terreau le plus fertile où l'idéal de la transparence pouvait prospérer sans aucune entrave était les États-Unis. Peut-être aussi, en contrepoint de leur rapport ambigu à la vérité et au mensonge dont nous avons parlé, que cette volonté d'éradiquer le secret agit comme une force d'attraction, une sorte de pilier culturel à même de créer une unité à partir de profils très différents ?

Michel Foucault a détaillé comment nous intégrons dans nos corps les effets du pouvoir. Son image de la tour panoptique montrait ainsi que le dernier stade de la surveillance est atteint quand une population, sans savoir si elle est observée, agit néanmoins comme si c'était le cas.

À titre personnel, je l'intègre, car, pour mon travail, sur certaines affaires, j'éteins mon téléphone et je le mets dans une autre pièce. En agissant ainsi, c'est-à-dire en me cachant, en sachant que ma liberté d'expression est en danger, je reconnais *de facto* la prégnance de cet appareil de surveillance.

En revanche, ce constat ne change rien au fait que je ne souhaite pas voir advenir une telle société. Et je crois pouvoir affirmer que la majorité de la population n'a pas encore intégré le concept de surveillance et le fait que nous autorisons le développement d'un régime qui dépassera tous les rêves les plus fous de Staline.

En suivant ton analyse, les GAFAM pourraient…

Devenir une sorte de police politique ! Ils collectent des données sur toi à longueur de journée. Aujourd'hui, c'est pour nous faire la meilleure proposition commerciale, mais demain, ils pourraient le faire à des fins politiques ou judiciaires. L'autre soir, à dîner, nous parlions de deux chaises cassées. Pour les remplacer, j'émets l'idée d'aller voir si un magasin de décoration près de chez nous les a en stock. Le lendemain, j'ai des publicités pour la marque que j'ai citée à table sur mon téléphone. Cette expérience banale est arrivée à tout le monde. Maintenant, imagine un dîner, dans quelques années, où dans la conversation tu affirmes que telle ou telle personnalité politique t'insupporte, que feront-ils ? Ils t'enverront des informations pour attiser ta haine ou ils joueront le jeu de la démocratie en tentant de te convaincre qu'il faut l'écouter davantage pour mieux comprendre ses idées ? Et puis, peut-être que lors de ce même dîner tu déclareras que tu as parfois des idées noires. Alors quoi ? La police ou le SAMU débarqueront immédiatement ? Des publicités pour des centres médicaux spécialisés privés te seront envoyées ? Si l'ère de la surveillance totale n'est pas très loin, le déploiement de sa puissance ne fait que commencer. Tous les systèmes totalitaires doivent être très jaloux de cette prouesse !

La défiance et l'inquiétude de Marc Dugain concernant la surveillance numérique font notamment écho au documentaire récompensé par le prix Albert-Londres[26] : *Tous surveillés : 7 milliards de suspects*. Surnommé le « marché de la peur », le marché de la surveillance intelligente représente déjà plus de 40 milliards de dollars par an.

Dans son essai signé avec le journaliste d'investigation Christophe Labbé, *L'Homme nu. La dictature invisible du numérique*, les auteurs mettent en exergue une phrase de Benjamin Franklin qui n'a rien perdu de sa modernité : « Un peuple prêt à sacrifier un peu de liberté pour un peu de sécurité ne mérite ni l'une ni l'autre, et finit par perdre les deux. »

Ce constat se double d'une interrogation plus philosophique sur la nature de l'être humain, comme Marc Dugain l'exprime dans *Intérieur jour*, un livre de réflexions intimes sur ses expériences de vie : « La force du conditionnement est la principale faiblesse de l'homme. On le moule, on le modèle indéfiniment par des mécanismes plus ou moins conscients qui s'insinuent si profondément qu'on peut légitimement se poser la question de savoir si l'être pensant en nous est véritablement doué de liberté. Plus les années passent, plus j'en doute, plus la pression du formatage me paraît aussi subtile que puissante. Le libre arbitre s'étiole par la diminution mathématique du temps disponible pour penser. »

Pourquoi ce sujet de la surveillance, c'est-à-dire de notre liberté, n'est-il pas un enjeu politique majeur ?

Personne n'en parle, alors que ce récit peut mener au choix du pire. En effet, soit nous cédons aux injonctions du numérique, ce que nous faisons allègrement en

France car nous pensons qu'il ne s'agit que du déroulement logique et naturel de l'Histoire, soit nous constatons la mise en danger des fondements mêmes de notre société. La Chine l'a parfaitement compris, et mieux que tout le monde. Elle a senti qu'au-delà des seuls aspects économiques, le numérique représente une menace politique et sociétale de grande ampleur, car il constitue une concurrence sérieuse à sa volonté d'embrigadement. Quand le pays décide de limiter le temps d'écran à 40 minutes par jour pour les enfants de moins de 14 ans, il fait la démonstration de sa prise de conscience que, sans réaction, sa population deviendrait à terme un agrégat de crétins numériques lobotomisés. Qui mieux qu'un régime autoritaire pour comprendre que la soumission du peuple doit rester une prérogative hégémonique ? Ainsi, la Chine résiste car elle craint la concurrence virulente du numérique face à son régime totalitaire. Ils ont quand même enfermé Jack Ma, le fondateur et dirigeant de l'entreprise Alibaba, pendant plusieurs mois, comme ils enferment des opposants politiques !

Pendant ce temps, en France, nous distribuons des tablettes à l'école et continuons de faire exploser le temps passé sur les écrans. Nous avons parlé du Brexit où, sans Cambridge Analytica et Facebook, le Royaume-

Uni serait sans doute encore dans l'Union européenne. Comment pouvons-nous ne pas voir ce qui se joue là ? L'absence de réflexion engagée sur ces sujets montre que nous sommes à la merci de ces entreprises privées. Ce serait le rôle du gouvernement de mettre des garde-fous, de prendre en compte les risques encourus et de légiférer.

Comment expliquer notre cécité ?

La majorité des hommes et femmes politiques n'ont pas conscience de ce qui se trame et en sont restés au stade où le numérique représente de formidables opportunités. Nous pouvons faire des visioconférences avec des personnes à l'autre bout du monde, nous pouvons réserver en ligne un restaurant… Malheureusement, et assez pitoyablement, au-delà de ces avantages, la discussion s'arrête assez vite. Quand je constate cela, je me dis que ce n'est pas moi le fou de l'histoire. Je sais que la folie concerne ceux qui font vivre et alimentent ce système.

J'ajoute que ce niveau de compréhension demeure celui de la majorité de la population, car là où nous devrions être hors système, nous sommes hors réflexion. Quand je vois les images de la tentative de prise de pouvoir au Capitole, soutenue par Donald Trump, je revois les événements du Reich et les sombres heures du fascisme. Ce que je veux dire, peut-être plus explicitement encore, c'est que ces événements récents ne sont pas inédits, ils confirment que le troupeau humain peut réaliser de gros dégâts si nous baissons la garde. Bien sûr, ce n'est pas la communauté humaine en elle-même qui est en question, mais la communauté humaine transformée en un agrégat d'individualités égoïstes qui ne réfléchit plus à ce qui lui arrive ! Ces nombreux effets de troupeau ne me rassurent pas du tout sur notre évolution. Le sens de cette dernière devrait tendre vers l'intelligence, individuelle comme collective, vers une adhésion aux lois et décisions qui soient réfléchies. Il n'aura échappé à personne que nous ne sommes pas près d'y arriver – en tout cas, pas en continuant de détourner le regard comme nous le faisons.

Dirais-tu que les dirigeants des grandes entreprises, notamment du secteur numérique, tirent profit de notre naïveté ?

Je crois qu'il existe un décalage entre la compréhension de ce qui nous arrive actuellement par la population, moi y compris, et ceux qui sont à la tête de ce récit. J'en veux pour preuve le documentaire produit par Netflix, *Derrière nos écrans de fumée*[27]. Dans celui-ci, nous voyons que les têtes pensantes du numérique sortent leurs propres enfants de ce système en contrôlant par exemple le temps qu'ils passent sur les écrans. C'est comme si, dimanche prochain, je faisais un gâteau au chocolat avec mon fils et je lui disais à la fin : « Surtout, tu ne le manges pas ! »

Dans ce documentaire, Tim Kendall, qui a été le président de Pinterest et un cadre de Facebook, affirme par exemple que, malgré sa connaissance des mécanismes d'addiction et de leurs effets néfastes, il ne parvenait pas à se détacher de son téléphone.

Les réseaux sociaux représentent un outil très abouti pour transformer n'importe quel utilisateur en contributeur servile et infini du système. Je note également à quel point le téléphone portable, que nous portons avec nous vingt-quatre heures sur vingt-quatre a complètement déstructuré notre relation au temps. Combien d'enfants regardent leur écran pendant des heures avant de dormir ? Combien d'heures en moyenne, par jour, passons-nous à regarder toutes les notifications qui nous arrivent ?

Ne confondons trop souvent l'aventure incroyable du numérique, qui est objectivement fascinante, et les logiques pécuniaires qui se cachent derrière. Les Bezos, Musk, Zuckerberg, devenus les hommes les plus riches de la planète, ne dominent le monde que grâce à l'exploitation marchande de ces outils. Une société plus clairvoyante et sensée glorifierait les chercheurs, ceux qui repoussent les limites de la science, plutôt que ceux qui tirent profit de nos vies grâce aux applications de ces découvertes.

Défendre nos libertés, c'est donc éviter de vivre enfermés dans un monde qui ressemblerait à un asile ?

Nous sommes déjà dedans. Je le critique de l'intérieur et, si j'ai eu une période de grande contestation à l'adolescence, je suis rentré dans le rang. Néanmoins, je ne suis pas aveugle et ignorant. Ce n'est pas grand-chose, mais cela me permet de ne pas subir ni souffrir de l'enrôlement numérique de masse. Ma liberté est là, et je la fais vivre coûte que coûte. Et en tant qu'artiste, si je peux contribuer à ce que quelques autres personnes ouvrent les yeux, ce serait déjà très bien.

V

Reprendre le pouvoir

L'image d'un monde comme un asile à ciel ouvert peut faire peur car elle suppose que nous sommes des psychopathes...

Cela fait écho aux comportements de ceux qui incarnent le récit dominant que j'ai décrit !

Pour changer le cours des choses et reprendre le pouvoir sur nos vies, est-il possible d'envisager les relations humaines, et plus largement celles qui façonnent nos interactions avec l'ensemble du monde vivant, autrement que par la domination et l'exploitation ?

Je constate d'abord que nous abordons la grande majorité de nos activités sous le prisme de la compétition. Je l'ai écrit dans un de mes livres : nous vivons la compétition au travail, pour augmenter notre productivité, notre compétitivité, notre part de marché, et pour nous reposer, le soir ou le week-end, nous regardons d'autres compétitions, sportives ou culinaires par exemple. Ce sont les mêmes logiques qui régissent le monde artistique avec les prix et récompenses. Nous ne sommes que rivalité et affrontement. Il y a quelque chose d'instinctif là-dedans, de naturel. Mon dernier fils est par exemple un compétiteur-né bien que nous ne l'ayons pas élevé ainsi. Il a ça en lui.

Nous sommes dans une société très violente, car elle compare et quantifie le succès en permanence. Je trouve cette logique plus aliénante que libératrice. C'est d'ailleurs pour cela qu'il est ridicule d'envier ceux qui amassent des milliards, car, eux aussi, sont prisonniers du jeu capitaliste. Ils n'auront jamais assez à leur goût et pensent pouvoir satisfaire leur démesure grâce à la performance qui devient le moyen de se sortir de la masse que nous décrivions. La grande question du capitalisme, contrairement au communisme qui cherche à forger un amas d'individus homogènes, c'est comment sortir du lot ? Le moyen peut être le nombre de *likes* ou le nombre de commentaires générés en ligne, y compris ceux qui sont insultants tant que le buzz est assuré, c'est-à-dire le sentiment d'existence exacerbé. L'individualisme et l'exhibitionnisme sont l'autre face du conformisme. Il faut être vu pour se sentir en vie, d'où le triomphe du *selfie*. Ce besoin d'être nommé pour exister, d'être en haut de l'affiche, renvoie à la psychose des tueurs en série qui ne peuvent pas s'arrêter dans leur fuite en avant.

Le sentiment de supériorité, l'arrogance, l'orgueil démesuré sont des caractéristiques familières des assassins, qu'ils soient réels ou fictifs, comme dans les romans d'Agatha Christie. Pour Marc Dugain – il l'a souvent déclaré dans la presse – ces ressorts psychologiques se retrouvent chez de nombreux hommes et femmes politiques. C'est précisément ce qu'il met en scène dans sa saga romanesque *L'Emprise*.

Puis, avec le numérique, cette singularité s'est comme démocratisée à toute la population. Dans son roman *Transparence*, au cœur d'un monde entièrement recomposé par le numérique, il écrit : « Au début de la révolution numérique, les précurseurs avaient remarqué le besoin croissant des gens à être nommés, remarqués, à exister en tant qu'expression d'une opinion, à faire valoir leur point de vue individuel comme indispensable à la collectivité, une façon d'exister dans la masse connectée. »

Or les victimes de ce désir d'exister aux yeux des autres finissent par être enfermées dans une réalité parallèle. Dans son essai signé avec le journaliste d'investigation Christophe Labbé, *L'Homme nu. La dictature invisible du numérique*, Marc Dugain appelle à se tenir à l'écart de cette course effrénée. Y participer, c'est nécessairement se retrouver dans un monde d'illusions et de faux-semblants. En référence à l'allégorie de la caverne de Platon où des prisonniers prennent leurs ombres pour des réalités, les deux auteurs écrivent ainsi : « C'est comme si l'on nous avait encapsulés dans un miroir déformant qui est aussi une glace sans tain. Le reflet de la réalité est devenu, dans nos têtes, plus important que la réalité elle-même. »

Tu as pourtant obtenu de nombreux prix. Tes ouvrages et tes films connaissent le succès, ce qui te permet d'en faire d'autres et, peut-être, de jouir plus aisément de ta liberté, c'est-à-dire d'avoir l'opportunité de reprendre le pouvoir sur ta vie.

C'est avant tout, qu'importe son métier, une posture face à la vie. Mes livres qui se vendent le plus ne sont pas forcément les meilleurs. Le monde littéraire dispose de ses propres méthodes pour pousser les ventes, comme créer l'émoi, la polémique, se glisser dans l'air du temps sur les sujets sociétaux, c'est-à-dire une forme de bien-pensance et de conformisme. Si je ne peux pas changer ce système, au moins je n'en suis pas dupe et, plus encore, je ne l'alimente pas. C'est une façon de reprendre le pouvoir à mon échelle et de le partager avec mes lecteurs. Malheureusement, beaucoup de gens écrivent aujourd'hui non pas parce qu'ils se sentent investis d'une particularité, mais parce qu'ils veulent acquérir un statut social, devenir des influenceurs à succès, remporter des prix qu'ils pourront agiter comme des hochets et gagner de l'argent. C'est une pente glissante car, six cents livres au bas mot sont publiés à chaque rentrée littéraire.

Penses-tu que nous puissions collectivement sortir d'un tel modèle de société ?

Les modalités de la compétition et de la domination qui régissent notre vie en communauté sont celles qui ont conduit notre monde et notre relation au pouvoir depuis des siècles. Pouvons-nous faire autrement ? En théorie, tout le monde affirme que oui. Mais, en pratique, c'est beaucoup plus compliqué, peut-être parce que, peu à peu, l'être humain s'est adapté à cette forme d'organisation. Ce faisant, nous en sommes devenus le produit et le premier moteur de renforcement. Se détacher d'une telle conception requiert des efforts bien plus importants que les injonctions que nous entendons souvent, car il s'agit d'entrer en dissension avec notre nature ou, *a minima*, une partie de notre nature. C'est un chemin intérieur très exigeant et complexe.

Si je tentais d'esquisser une organisation politique qui ferait la part belle à l'autonomie, la liberté ou le respect d'autrui, je dirais déjà qu'il faut abandonner toute personnification de la politique, qui n'est pas une preuve d'autorité mais une preuve d'immaturité. Les personnalités providentielles comme le général de Gaulle correspondent à un tempérament et à des circonstances historiques très particulières. Aujourd'hui, le système démocratique idéal pourrait être un Parlement où siégeraient des députés responsables, capables d'alliances et de compromis. S'y ajouterait une chambre citoyenne virtuelle permettant l'expression, certes directe, mais filtrée, pour éviter les excès. Enfin, il y aurait l'élection d'une personnalité charismatique ou d'un collège d'experts sérieux qui s'emparerait des enjeux de long terme et qui aurait un accès désintermédié au peuple quand le Parlement bloquerait. Ici, le pouvoir serait bien davantage distribué, évitant une concentration déraisonnable des responsabilités sur quelques personnes seulement. Cela imposerait également de lutter contre nos réflexes de consommateurs citoyens que nous évoquions précédemment, car ils entretiennent un lien pervers avec l'autorité. En effet, la figure d'un chef, voire d'un père de la nation, rassure... tout en permettant d'avoir un bouc émissaire à disposition, quelqu'un à qui on reproche ce qu'on accepte pourtant d'être.

Pour s'opposer et proposer d'autres alternatives aux défis à venir, faut-il adopter une démarche plus psychologique ?

Tu as souvent utilisé cette approche pour mieux comprendre les arcanes du pouvoir, par exemple en anticipant les décisions de Vladimir Poutine.

Peut-être. Ce qui est certain, c'est que le phénomène Poutine a été sous-évalué par nos dirigeants politiques car ce sont des libéraux, convaincus que nous ne faisons pas la guerre contre ceux avec qui nous faisons des affaires. C'est une erreur monumentale ! Nous avons acheté des hydrocarbures à la Russie et lui avons fourni des armes. La seule grille de lecture économique est erronée.

Marc Dugain lit le monde à travers la psychologie de ceux qui le gouvernent, un procédé qui s'avère souvent aussi pertinent que l'analyse strictement factuelle des événements qui jalonnent notre histoire. Entre 2015 et 2023, il a notamment réalisé cet exercice en signant une chronique hebdomadaire pour le journal *Les Échos Week-end* et, en 2014, pour le journal *Le 1 Hebdo*, il décrit la personnalité de Vladimir Poutine :

« Poutine n'a rien d'un personnage extraordinaire. Il n'est que le produit d'une tradition, celle d'un peuple cultivé qui confond inlassablement fierté nationale et servitude. Le peu de goût pour la liberté individuelle va de pair avec un mépris pour la vie humaine qui ne s'est jamais démenti. La Russie, dans son évolution apparemment radicale, ne connaît que de courtes transitions pour se stabiliser, au final, dans le seul régime qui semble lui convenir : la tyrannie majoritaire. Du tsarisme au régime actuel de kleptocratie en passant par soixante-dix ans de dictature communiste, rien ne semble vraiment changer.»

Et de conclure : «Son manque d'empathie associé à une nature violente ne laisse pas de place au doute et la classe moyenne russe se plaît à s'identifier à cette brute manipulatrice qui, non contente d'être globalement majoritaire dans le pays, s'acharne à écraser l'opposition.»

Selon toi, quels sont les principaux ressorts psychologiques de ceux qui nous gouvernent?

Je ne peux pas répondre de façon définitive, mais il est certain que des caractéristiques comme la perversité facilitent l'ascension sociale et la domination. Dans le système actuel, ne pas avoir de morale, c'est-à-dire ne pas avoir de surmoi, qui pendant longtemps venait de la figure paternelle, constitue un avantage. Par exemple, Staline était un enfant battu par sa mère, et son père était alcoolique. Enfant, il n'avait ainsi aucune idée de ce qui était bien ou mal. Il décida alors que ce champ moral lui appartenait. C'est même l'essence de sa puissance. Toute altérité, et a fortiori toute contestation, devenant intolérable, le pouvoir tyrannique s'impose. Dès lors, il jouit d'une liberté absolue quand tous les autres sont soumis. La question n'est plus celle du mal fait aux autres, mais de la maximisation de ses intérêts personnels. Staline est le seul dictateur à avoir dit à ses généraux que la réussite de leurs missions ne les protégeait pas de la mort. Il leur faisait comprendre que leur dévotion, aussi fidèle et sincère fût-elle, ne les mettait pas à l'abri de son jugement dernier. Même Hitler n'était pas comme cela. Un fou bien sûr, mais relativement fidèle à ceux qui le servaient. Avec Goering, Himmler et Goebbels, il a été constant. Staline, lui, n'a jamais eu de fidèles et avait réellement une personnalité démoniaque. Comment un homme, avec ce caractère pervers, a-t-il pu prendre la tête d'une telle puissance et régner par la terreur ? Comment a-t-il pu mourir seul au point que personne n'osait approcher de son cadavre par peur d'être mordu ? Là, nous sommes au cœur de la psychose dominatrice et de questions qui m'obsèdent. Or je trouve que le monde proposé par le numérique va dans la même direction. L'addiction névrotique confine à la psychose et à la perte du réel. Regarde l'une de leurs nouvelles lubies : le métavers !

Cette vision n'est-elle pas celle d'un réactionnaire ? Pour les nouvelles générations, l'altérité consiste aussi à se

retrouver dans le métavers, à jouer aux jeux vidéo en réseau ou à discuter via des applications.

Peu m'importe si ma position est réactionnaire. Le numérique constitue un agent de socialisation seulement si l'utilisation de ses outils génère de l'argent pour ceux qui les mettent à disposition. Et surtout, plus fondamentalement encore, dans *L'Autre Mondialisation*[28], Dominique Wolton écrivait que « l'essentiel pour l'Homme, ce n'est pas l'image mais le contact ». Or je considère que l'être humain se confronte à l'altérité quand il y a une rencontre physique. Voilà une autre forme de résistance et de contrôle sur nos vies, notre corps ! L'« avatarisation » de nos vies va entraîner une épidémie de psychoses. Pour l'instant, nous traînons une enveloppe corporelle qui fait partie intégrante de qui nous sommes. L'altérité relève du physique, du corps. C'est pourquoi Poutine ne tolère plus qu'on s'approche de lui. Et cela pointe clairement vers un comportement psychotique. Plus personne n'est là pour lui dire la vérité en face, et il finit par se construire une réalité alternative à partir de délires qui lui semblent parfaitement rationnels. Aujourd'hui, je crains que des millions de jeunes se retirent de notre monde, certes pour en pénétrer un nouveau, et finissent par s'éloigner de l'humanité.

Sincèrement, j'ai du mal à croire que, si tu parles tous les jours avec une femme ou un homme qui te plaît à l'autre bout du monde, vous n'ayez pas envie de vous voir en chair et en os. Soyons sérieux, après les deux confinements et les centaines d'heures passées en visioconférence, la très grande majorité des gens estime encore vital de rencontrer l'Autre dans la vie réelle. Attention encore une fois à ne pas céder au diktat du récit numérique ! Un de mes fils qui vit au Maroc a beaucoup souffert du confinement, car il ne pouvait pas voir ses amis et sa famille. J'ai vu combien cela l'affectait, dans son for intérieur. Et nous avions beau nous appeler tous les jours, nous parler, maintenir le lien, cela ne remplaçait pas le rôle du corps dans la vie vécue. Si nous parlons autant d'isolement concernant des jeunes qui sont pourtant ultraconnectés, c'est que le numérique peut devenir une prison où les individus s'enferment en eux-mêmes, perdant petit à petit une part essentielle de l'essence humaine, l'empathie. Cette dernière constitue le pilier de l'amour et de l'amitié que je définirais comme la possibilité de rester des heures dans une même pièce avec une autre personne sans qu'il n'y ait de gêne, en silence. Je note que le numérique pousse exactement au contraire, puisqu'il s'agit de parler de tout et de rien dans un brouhaha permanent et superficiel avec des milliers de personnes qui demeurent le plus souvent des inconnus.

Le numérique, en nous poussant à être tout le temps avec les autres et jamais avec nous-mêmes, nous empêche-t-il de reprendre le contrôle sur nos vies ?

La logorrhée numérique et l'hyperconnectivité entraînent un viol de nos intimités. Par exemple, dans la discussion que nous avons actuellement, je peux être interrompu par des notifications ou alors je recevrai demain des publicités en lien avec les propos que je t'ai tenus aujourd'hui. Cette intrusion permanente et répétée s'apparente à un cambriolage de l'intimité. Or le danger, c'est effectivement de ne plus avoir d'espace et de temps pour être avec soi, pour pouvoir se regarder droit dans les yeux. Pour nous assurer un certain bien-être psychologique, nous devons pouvoir nous regarder dans le miroir avec lucidité, entre vérité et mensonge, entre objectivité et subjectivité. L'introspection demeure ainsi la seule façon de parvenir à une connaissance fine de soi. L'ennui – à nouveau une pensée pour Bernanos – est alors fondateur de notre personnalité. Il m'arrive d'être seul au restaurant quand je voyage, et je profite de cette solitude. Et si j'observe d'autres personnes seules, je constate qu'elles sont gênées de l'être, et elles se précipitent sur leur téléphone pour ne pas voir le regard que les autres portent sur elles. La solitude est aujourd'hui vécue comme une marginalisation, et avec les réseaux sociaux nous ne sommes jamais seuls. Ainsi, en effet, nous ne sommes pas enclins à penser par nous-mêmes.

À partir du moment où tu n'es pas capable de rentrer dans cette intimité avec toi-même, tu commences à tomber dans la schizophrénie et le dédoublement de la personnalité. En psychologie, quelqu'un qui souffre de dissociation pourra te soutenir droit dans les yeux qu'il n'a pas commis un meurtre alors même que tu en as les preuves. Il ne te ment pas, il est simplement persuadé de ne pas avoir tué. Évidemment, sans aller jusque-là, je note que certains internautes s'adonnent à des lynchages numériques ultraviolents alors que, loin de leurs claviers, ils mènent une vie paisible et « normale », et que la présence d'un tiers suffit à les ramener à la réalité. Le monde numérique est un terrain de jeu pour les paranoïaques qui veulent passer à l'acte.

Ivan Illich montrait que la technique constituait une barrière pour la connaissance de soi en rendant difficile l'autoperception, car notre attention et notre conscience sont en permanence tendues vers un objet.

La question autour de laquelle nous tournons anime tous les artistes, c'est celle de la définition de l'être humain. Qui est-il vraiment ? Probablement un animal social fait d'un corps et d'un esprit, doté d'une conscience qui lui permet de réfléchir et de se réfléchir ; il doit néanmoins rencontrer d'autres corps et d'autres esprits pour se maintenir en équilibre. Cette vision entre également en contradiction frontale avec celle des géants du numérique, car elle contient une part de poésie, là où leur rêve ultime consiste à mathématiser l'être humain pour tenter de le dupliquer.

À l'inverse du récit techno-positiviste qui voit dans la technologie le moyen de nous rapprocher du réel et de façonner des relations d'une richesse autrefois impossible, Marc Dugain considère le numérique tel qu'il est façonné par les GAFAM comme un obstacle empêchant d'entrer en résonance avec soi-même et avec le monde. Ainsi, plus que quiconque, il a espéré que le confinement causé par la crise sanitaire de la Covid-19 puisse permettre une introspection salutaire grâce à une cure de déconnexion, c'est-à-dire un sevrage forcé.

Dans *La Volonté*, roman sur la relation avec son père, homme du XXe siècle, il rêve d'un dépouillement technologique de l'être humain pour qu'il puisse enfin se retrouver avec lui-même :

« Difficile de ne pas m'avouer que ce confinement est ma

vraie nature et que, les inconvénients anecdotiques mis à part, je me plais dans cette sidération qui ressemble à un retour à la réalité après l'excès d'illusions. Loin de moi les prophéties et les superstitions, c'est le lot de ceux qui, à trouver leur vie trop ordinaire, attendent de l'extérieur le salut à leur ennui profond. Quelque chose s'ajuste discrètement. La civilisation tout entière a subitement pénétré dans un cloître à l'heure de la prière, laissant derrière elle ses précipitations et le souvenir récent de ses abus. Est-elle prête à s'appauvrir pour retrouver la raison ? Rien n'est moins sûr. Au contraire, l'épidémie éteinte, on la retrouvera à sa frénésie et à son agitation mais, au moins pendant quelques semaines, on aura respiré de l'air pur, on aura profité des siens et éventuellement de soi. »

Ne penses-tu pas que le numérique façonne un nouveau stade de notre évolution où l'altérité se détachera de notre enveloppe corporelle ?

Je crois même que nous sommes à l'aube d'une recomposition totale et radicale de l'être humain. Les GAFAM cherchent à tuer l'altérité physique, d'où les milliards investis dans la réalité virtuelle, la réalité augmentée, les hologrammes, les métavers… Pendant le premier confinement, il y a eu une explosion des requêtes concernant les sites pornos qui sont à la pointe des développements technologiques. Ce n'est pas un hasard car, demain, il s'agira d'utiliser et d'interagir avec des dispositifs qui permettront de recréer toutes les sensations physiologiques.

Tu m'amènes à penser qu'au fond, je suis sans doute moins effrayé par la servitude volontaire que par la folie qui vise à redéfinir ce qui constitue l'essence de l'être humain. Nous allons nous habituer à vivre avec des casques de réalité virtuelle, à gérer des avatars, à interagir avec des robots domestiques qui deviendront nos nouveaux chats et chiens de compagnie. Et puis, un jour, plus rapidement que nous le pensons, nous nous réveillerons tous dans nos petits cocons numériques. Évidemment, cela ne se fera pas sans dommages psychologiques et sans transformations physiques.

Quelles pourraient être les conséquences d'une telle perte d'altérité ?

Ce qui me vient immédiatement à l'esprit, c'est l'agressivité et la difficulté croissante à gérer une relation avec les autres. Le réel et la fiction se brouillent également. Tu n'as qu'à prendre mon métier d'écrivain. Dans quelques années, qui lira encore une histoire inventée par un autre alors que tu pourras inventer la tienne ? En bon démiurge numérique, chacun créera son monde virtuel, parfaitement fidèle à son image.

Cette folie revient à s'interroger inlassablement sur ce que nous voulons défendre et conserver de l'être humain. Si nous continuons à accepter ce récit sans discernement, ils coloniseront notre sommeil, ils nous hybrideront avec du vivant et du non-vivant, ils coupleront notre conscience à des IA. Leur seule limite, ce ne sont pas les ressources énergétiques, c'est le fonctionnement de notre cerveau. Dès lors, l'Homme que nous connaissons aujourd'hui laissera la place à un Homme qu'ils appellent « augmenté », mais qui est plus exactement une nouvelle espèce vivante, différente de l'être humain actuel.

Les pathologies provoquées par le numérique, de plus en plus nombreuses, sont-elles les preuves irréfutables du développement d'une nouvelle espèce vivante ?

Dans cette transformation de nos corps et de nos esprits en cours, le numérique pose des problèmes de santé mentale majeurs. C'est un scandale sanitaire, car les gouvernements ne s'en saisissent absolument pas alors qu'ils devraient établir au plus vite des scénarios prospectifs à 2050. Par exemple, *quid* de la vue de nos enfants qui passeront dix heures par jour devant un écran dès l'âge de 2 ou 3 ans ? Il faudrait ainsi réaliser dès aujourd'hui bien plus d'études et évaluer les conséquences de l'utilisation de toutes ces innovations. Je prends l'exemple, a priori insignifiant, de l'apprentissage des langues. Des applications en ligne permettent de traduire instantanément des quantités astronomiques de textes et peuvent même réaliser une traduction simultanée de ce que tu dis dans n'importe quelle langue. Ainsi, les jeunes générations pourraient penser que se coltiner d'apprendre l'allemand n'a absolument aucun intérêt. Sauf que, par exemple, apprendre l'allemand, c'est voir le monde sous un autre angle, car cette langue se construit différemment du français. Autrement dit, apprendre l'allemand modifie notre structure mentale et, mieux encore, cela l'enrichit. Sa maîtrise permet également de nouer des relations intimes avec les locuteurs allemands en embrassant la richesse de l'altérité. Il en est de même pour la géographie. À quoi bon apprendre à lire une carte quand il suffit d'allumer Google Maps ou Waze ? À quoi bon savoir placer des pays sur un planisphère ? Peut-être pour savoir où se trouve la Syrie, le Mali ou l'Ukraine et avoir une chance d'entrer en empathie avec ces populations ! Je pourrais tenir le même raisonnement pour l'écriture manuscrite ou le calcul mental. Ce sont des exemples d'une trivialité confondante, mais si demain nous ne réalisons plus aucune de ces opérations, que deviendrons-nous ?

Je n'ai pas de réponse ferme, mais je ne veux pas que nous sacrifiions la richesse du cerveau sur l'autel de la simplicité et de la praticité. Et, là encore, il faut revenir à la rhétorique des multinationales du numérique, qui affirment que leurs technologies permettent de gagner du temps. Je veux vivre dans une société qui considère encore que passer du temps à apprendre le mandarin est formidable ! Pardon, mais le progrès humain n'est pas d'avoir plus de temps en éliminant l'apprentissage des langues. La libération de notre intelligence, ou plutôt l'idée qu'ils se font de celle-ci, représente un dangereux rétrécissement. Et, jusqu'à preuve du contraire, la perte de ces capacités cognitives ne permet pas de développer une forme d'intelligence supérieure, car le temps gagné sert surtout à regarder des vidéos de chatons et du porno. Mais, indépendamment du jugement que je porte ici et de mes opinions personnelles, le plus important est de comprendre que notre cerveau se recompose comme jamais auparavant dans notre histoire.

Le scénario que tu décris nous laisse-t-il encore le temps de réagir ?

Le temps est compté, car, pendant que le monde politique s'occupe de gérer les mois à venir, le numérique a déjà les yeux rivés sur la fin du siècle. Quand tu penses que nous en sommes encore à analyser les tendances politiques avec des sondages, technique qui relève de la probabilité, alors que la quête du numérique est celle de la prévision certaine. Avec cette grille de lecture en tête, je trouve hilarant de regarder les débats politiques à la télévision qui reposent sur des échantillons de mille personnes. Bientôt, quand le numérique pourra tout prévoir avec une exactitude supérieure au jugement humain, l'adage selon lequel « gouverner, c'est prévoir » tombera aux oubliettes, les hommes et les femmes politiques avec.

Et je file l'exemple des tablettes introduites à l'école que j'évoquais précédemment. J'estime que, dans une société responsable, c'est aux instances médicales de déterminer les conditions de leur utilisation. Puis le ministère de l'Éducation nationale devra faire la pédagogie de ces recommandations sanitaires pour expliquer les conséquences sur la vue, l'attention, le développement du cerveau. Sinon, les géants du numérique iront jusqu'à supprimer les professeurs de l'enseignement scolaire. Nous en voyons déjà les prémices depuis plusieurs années, en particulier avec les deux premiers confinements causés par la Covid-19. Des élèves derrière leurs écrans ne pourraient-ils pas apprendre par eux-mêmes et sous la responsabilité d'IA ? J'ajoute à cela le manque endémique d'argent de l'Éducation nationale qui facilitera l'introduction de ces nouveaux outils par les GAFAM. Si demain ils proposent des technologies qui évitent de construire des écoles et de réduire d'un facteur 2 ou 3 le nombre de professeurs, crois-moi que ce scénario sera étudié avec attention. Bien sûr, ils ne le présenteront jamais ainsi. Ils diront d'abord qu'il y aura du présentiel et du distanciel pour conserver des moments de sociabilisation. Ils diront que le distanciel permet d'éviter les agressions d'élèves dans les écoles difficiles. Ils diront que, si c'est pour avoir trente élèves assis sur leur chaise dans une salle, ils peuvent tout autant être assis chez eux. Ils diront que le distanciel fait gagner du temps et évite des millions de trajets polluants par an. Cela ne se fera pas du jour au lendemain, et beaucoup penseront qu'ils n'iront pas jusque-là, mais moi, je pense que c'est inévitable si nous ne réagissons pas. Il n'y a pas de fatalité, et je précise, évidemment, que le numérique pourrait être conçu et utilisé intelligemment. Mais d'abord, ouvrons les yeux sur les mécaniques et récits qui phagocytent nos esprits.

Notre impuissance ne vient-elle pas également de nos difficultés à nous projeter dans le futur ?

Oui, et cette incapacité à prendre en compte les résultats de scénarios de prospectives aura également des conséquences désastreuses concernant l'écologie. Il y a chez nous une tendance à nous laisser aller à l'adage *no future* qui, certes génère des sensations fortes, mais peut rapidement dégénérer.

Un sondage réalisé par le Lancet Planetary Health affirme par exemple que 56 % des jeunes de 16 à 25 ans considèrent que l'humanité est condamnée, que 75 % jugent le futur effrayant ou encore que 40 % des jeunes de 16 à 25 ans ne veulent pas d'enfant par peur du dérèglement climatique[29].

Malheureusement, je ne peux pas être surpris par ces chiffres. Pour la première fois, nous sommes menacés par notre être collectif. Nous sommes l'ennemi. L'humanité entière est à risque. Et, de façon plus ou moins consciente, les jeunes intègrent parfaitement la menace de notre potentielle disparition, en tant qu'espèce. Qu'importe que cette dernière soit une disparition pure et simple, provoquée par la destruction de notre environnement, ou une disparition causée par l'émergence d'une nouvelle espèce augmentée, mécanisée, robotisée, hybridée au numérique.

Comment ne pas baisser les bras quand l'avenir apparaît aussi sombre ?

La question centrale est la même : comment allons-nous, et surtout comment ces générations, qui ont aujourd'hui moins de 25 ans, pourront gérer l'anormal ? Vont-elles se battre pour les ressources en eau ou établir des plans concertés au niveau européen ou international pour un juste partage ? Vont-elles subir les vagues migratoires causées par des raisons climatiques ou sauront-elles les anticiper ? Ces interrogations sont d'autant plus complexes que, nous le savons désormais, toute stratégie qui reposerait sur des données tirées du passé sera très fragile, tant notre époque se caractérise par des phénomènes sans cesse inédits.

Ma réponse, et je reviens aux caractéristiques du psychopathe que nous mentionnions, c'est la capacité à entrer en empathie avec le monde et à prendre ses responsabilités. Cela peut sembler banal d'affirmer cela, mais, quand tu penses que nous avons eu récemment des leaders politiques comme Jair Bolsonaro qui massacre la forêt amazonienne ou Donald Trump qui, lors des giga-incendies en Californie, appelait à couper les arbres pour éviter que le feu ne se répande, nous prenons conscience que cela est loin d'être une évidence. Parce que, derrière ces gens, il y a d'ineffables esprits étriqués qui préfèrent voir le monde s'écrouler plutôt que quitter la fête capitaliste à laquelle ils croient participer. À y regarder de plus près, cette situation n'est pas nouvelle. La folie des deux premières guerres mondiales au XXe siècle raconte probablement la même déraison dont est capable l'être humain. La question est ainsi de savoir si une espèce qui se maintient en permanence au bord de l'apocalypse est une espèce viable.

À quelle échéance penses-tu que nous pourrons être fixés sur notre destin ?

Je dirais que la probabilité de l'extinction massive de l'espèce est à peu près la même que celle de notre survie. Maintenant, plus intéressant à mon sens, je considère que la probabilité d'un effondrement causé par nos errements n'est pas plus élevée que la probabilité d'une disparition naturelle par un phénomène bactériologique, l'arrivée d'une météorite ou une éruption volcanique[30].

Pour répondre plus précisément à ta question, je crois que, d'ici 2100, nous saurons si nous avons su réaliser le virage à 180° nécessaire. Je ne ferme pas la porte à des innovations technologiques salvatrices, mais je suis malheureusement plus sceptique quant à une révolution collective et sociale à même de changer le cours des choses. Autrement dit, si le capitalisme néolibéral persiste dans ses excès, je ne vois pas bien comment une bifurcation radicale pourrait avoir lieu tant que nos comportements demeureront façonnés par cette idéologie funeste. C'est pourtant le levier psychologique le plus puissant, et de loin, pour changer la donne. Mais, au-delà de ces projections, ce qui importe plus que tout, ce sont les conditions dans lesquelles nous vivons et allons vivre. Si c'est pour habiter sur une planète dévitalisée et n'avoir pour seul objectif que de la quitter pour s'installer sur Mars, pour la saloper à son tour, je ne suis pas intéressé.

Est-il encore possible de changer le cours des choses ?

Ta question me fait penser au film *Melancholia*[31] de Lars von Trier, qui se penche sur la réaction des êtres humains face à la catastrophe qui arrive. Les mécanismes du déni, ce refus de voir le mal que nous avons déjà fait et que nous continuons de causer alors que la fin approche, sont intéressants.

Ce film pose la question de la fatalité, du sacré et de nos croyances. La religion catholique, telle qu'elle est pratiquée aujourd'hui et, pour le dire vite, parce qu'il s'agit désormais davantage de superstition que de réelle spiritualité, n'accorde pas une grande place à la relation que nous avons avec la nature. De la même façon, l'athéisme, qui est la norme, n'entraîne pas nécessairement une élévation spirituelle à même de nous rappeler que nous sommes la nature et que la détruire, c'est-à-dire vivre tel que nous le faisons, revient, *in fine*, à nous détruire. Les arts, la musique, la peinture ou les romans devraient être au cœur de nos vies pour sans cesse agrandir notre champ de conscience. À la place, la musique d'ascenseur et de supermarché s'impose. Ce que je te partage là, c'est un ressenti, celui d'un rabaissement, alors que les enjeux appellent à prendre de la hauteur et à tendre vers ce qui nous dépasse.

Le philosophe Baptiste Morizot conteste la vision camusienne qui fait de l'Homme un être perdu dans un monde absurde. Il affirme que cet état peut être remis en question si nous comprenons notre vie comme reliée aux autres êtres vivants et à la nature. Nous ne sommes pas seuls si ces derniers sont aussi nos frères. Autrement dit, l'élévation dont tu parles peut se nicher dans des pensées et des actes quotidiens.

Je suis en parfait accord avec cela. Cela souligne surtout que notre rapport à nous-mêmes est édifiant de duplicité. D'un côté, nous refusons de faire partie intégrante de la nature au nom de notre prétendue supériorité et de notre capacité de destruction exceptionnelle.

De l'autre, nous acceptons notre soumission à nos réflexes reptiliens et à nos mécanismes biologiques de récompense. Cela pose la question essentielle… La conscience, celle dont nous jouissons, n'est-elle pas le stade ultime du développement du vivant qui conduit à la destruction de la vie ? Ne sommes-nous pas la dégénérescence de la vie qui pourrait conduire à sa disparition ? Pour le dire autrement, nous sommes à la fois ceux qui peuvent le meilleur, en tissant des liens avec le vivant et tout ce qui nous entoure, mais également de potentiels monstres. À ce sujet, j'ai un problème avec la question de la monstruosité qu'il est de bon ton de convoquer pour tenter d'expliquer le pire et qui est trop souvent considérée comme une anomalie. Je n'y crois pas du tout. Le pire est en chacun de nous. Les exécutions d'enfants juifs pendant la guerre n'ont pas été le fait de monstres mais d'Allemands, de Lituaniens… Des personnes très ordinaires.

Malgré les catastrophes à venir, ne vaut-il pas mieux réaliser un chemin intérieur plutôt que de nourrir de grandes ambitions de changement ?

Cela correspondrait à mon approche. J'ignore depuis longtemps les desseins collectifs que l'humanité se formule avec emphase en pensant à sa postérité, c'est-à-dire en contemplant son nombril. Je ne crois pas à cette idée de postérité qui éloigne de l'ici et maintenant. Je suis persuadé que mon travail passera dans une benne et que mes livres finiront en cotillons qui serviront pour une fête arrosée sur Mars ! De toute façon, nous serons tous logés à la même enseigne si les conditions de vie continuent de se dégrader.

Je suis dans une logique où je prends ce qu'il reste à prendre dans ma vie non pas dans une jouissance sans limites, mais, bien au contraire, en ayant une conscience aiguë du monde tel qu'il est. Je conserve ma boulimie de faire de nouveaux projets, et je crois qu'il ne faut jamais désarmer. Il faut toujours affronter la réalité, aussi terrible soit-elle. C'est le meilleur antidote face à la dépression qui apparaît souvent quand il y a un décalage entre le monde que nous souhaiterions et le monde tel qu'il est. Le véritable courage, c'est d'accepter le monde tel qu'il est.

Affronter la réalité peut-il devenir le moyen de se libérer et de se réaliser pleinement ?

La majorité des gens ne souhaite pas ou n'a pas la force de regarder les choses en face. Sans relâche, nous devons lutter contre le marchand de sable capitaliste néolibéral qui tente de nous endormir. Chaque décision, innovation ou nouvelle technologie présentée comme une évidence doit être interrogée. Poser des questions est notre responsabilité. L'essence de l'être humain, c'est son esprit critique qui doit demeurer une citadelle imprenable. Il faut constamment mettre son intelligence sur le chemin de la recherche plutôt que sur celui de la réponse facile. Dans mon film sur Eugénie Grandet, je lui fais dire que Dieu n'est pas une réponse mais une question. À partir du moment où vous trouvez Dieu, vous n'êtes plus en chemin. Ce que je trouve intéressant dans cette quête infinie, comme celle qui consiste à mieux comprendre le monde dans lequel nous vivons, c'est la question. Je considère que mon rôle d'artiste et notre rôle à tous, c'est d'interroger le monde.

Finalement, la résistance à la perte de sens, à la folie, passe nécessairement par la réflexion, puisque, cliniquement, la folie se définit comme une aliénation mentale caractérisée par une absence de raison. Il faut oser et savoir nager à contre-courant de façon réfléchie et argumentée. Comme je l'ai mentionné, le complotisme ne m'intéresse pas, car précisément il refuse toute remise en question de sa propre version des faits. Le manichéisme nous rabaisse et nous aliène. La maturité de notre humanité se juge à l'aune de nos prises de décision délibérée.

Dans *L'insomnie des étoiles*, à l'automne 1945, Marc Dugain met en scène la découverte, par le capitaine Louyre de l'armée française et ses soldats, d'une ferme isolée. À l'intérieur, une jeune sauvageonne et un cadavre calciné. Décidé à éclaircir cette histoire, l'officier répond au maire de la ville qui vient de lui confier qu'il était autrefois professeur de philosophie :

« Ce n'est pas facile de faire du doute son métier. On se brûle vite à côtoyer l'essentiel, et j'imagine qu'on se sent tellement soulagé quand on y renonce. Mais en refusant le doute, on est certain de se priver de la vérité. »

Cette phrase symbolise parfaitement l'approche du réel de Marc Dugain. Il ne s'agit pas tant de souligner l'importance du doute dans la recherche de la vérité que de lutter inlassablement contre le repos de l'âme que provoquerait l'abandon de tous les efforts consentis pour interroger la marche du monde.

VI

À la croisée des chemins

Notre échange met en lumière une période unique où s'intriquent, au sens physique premier du terme, les bouleversements à la fois écologiques et numériques.

Tu as vu juste. Nous sommes dans une ère numérico-écologique. Le numérique et toutes ses innovations donnent vie à une période mille fois plus impressionnante que celle qui a vu le passage du cheval au moteur thermique. Elle l'est parce qu'elle remet fondamentalement en question l'essence de notre humanité, comme je l'évoquais précédemment. Les géants du numérique savent que, s'ils parviennent à changer la nature humaine, un tout nouveau monde s'offre à nous, que les principaux défis écologiques seront surmontés. Ainsi, quand tu échanges avec des dirigeants de la sphère numérique, ils ne considèrent pas la crise écologique comme si importante car elle concerne un humain qui, dans cent ans, n'existera plus dans sa forme actuelle. L'objectif ultime du numérique étant la création de l'Homme parfait, il est hors de question que les limites physiques de la Terre mettent fin à cette grande marche en avant. Si tu considères que la pollution provoque des cancers et tue, c'est parce que nous devons encore respirer un air relativement pur. Si tu considères qu'il sera de plus en plus difficile d'assurer la sécurité alimentaire, c'est que nous devons manger trois fois par jour de grandes quantités d'aliments. Si tu considères que nous manquons d'eau, c'est que nous devons en utiliser pour arroser nos sols. Si tu considères que la pollution plastique détruit nos écosystèmes, c'est parce que le plastique existe et qu'une alternative biodégradable n'a pas encore été trouvée. Dans leur esprit, tous ces problèmes sont des équations qui peuvent être résolues. Leur logique est à la fois simple et paraît implacable.

Évidemment, je pousse ici à l'extrême toute la réflexion que j'ai eue avec toi pour dire que le capitalisme ultralibéral numérique n'est pas qu'une affaire d'innovations technologiques, mais une véritable entreprise de création d'un autre être humain. L'être humain de 2100 se nourrira de gélules, vieillira moins vite grâce à la thérapie génique de pointe, pourra remplacer certains de ses membres par des prothèses mécaniques commandées par intelligence artificielle, travaillera à coloniser l'espace… Et on peut très bien imaginer que notre espèce telle qu'elle existe aujourd'hui disparaisse pour renaître dans une enveloppe minérale indestructible dotée d'une intelligence artificielle. Ce nouvel humain qui fonctionnerait à l'énergie solaire ne boirait ni ne mangerait, ni ne dormirait, ne produirait aucune déjection ni déchets. Si je grossis le trait à dessein, j'utilise néanmoins les hypothèses que je partage ici dans un de mes romans, *Transparence*. Or, quand j'écris une fiction, il y a toujours un moment où je me demande si ce que je crée demeure vraisemblable ou relève du pur délire. Et, sincèrement, je demeure convaincu que le scénario que je viens de décrire pourrait se réaliser, peut-être même plus vite que nous ne le pensons.

Comment un tel scénario pourrait-il se mettre en place ?

Il se déroule déjà sous nos yeux ! Je reprends mon scénario. Dans quelques années, un matin, tu te lèveras et, dans le parc en bas de chez toi, tu verras des chiens-robots de sécurité. Ils existent déjà à Singapour. Tu seras surpris, puis tu passeras ton chemin pour ne pas être en retard à ton travail. Tu croiseras également des personnes de plus de 100 ans qui marcheront parfaitement grâce à des exosquelettes. Puis, un autre jour, tu tomberas amoureux d'une femme et tu devras déterminer s'il s'agit d'une humaine ou d'un cyborg.

La question de l'âme sera d'ailleurs la grande question métaphysique de l'époque car les IA cohabiteront avec les « anciens humains ». Et attention, ce n'est pas parce que ces scénarios ont été usés jusqu'à la corde par la science-fiction qu'ils n'adviendront pas.

Si je ne peux pas prédire comment cela se produira précisément, il est certain que la majorité de ceux qui s'accrochent au « monde actuel » ne pourront pas résister à la puissance du numérique. Je ne crois pas qu'un homme ou une femme de chair et d'os, avec toutes ses imperfections et fragilités face à la situation détériorée de notre monde, entrera en conflit avec le projet des géants du numérique qui proposeront des innovations toujours plus bluffantes pour nous aider à survivre. Je suis convaincu que la modification intrinsèque, structurelle, de l'être humain ne se fera ni par la force ni par la soumission, mais par l'utilité, comme toujours. Les contraintes extérieures seront si fortes que la majorité cédera au techno-solutionnisme.

À quel point ce récit te semble-t-il plausible ?

D'ici cent à cent cinquante ans, si tu me demandais de parier sur ce que deviendra l'humanité entre la disparition totale – qu'importe si celle-ci est provoquée par la crise écologique, une guerre nucléaire ou une éruption volcanique – ou un remplacement des êtres humains par un exo-humain hybridé à l'IA capable de survivre sur une planète ravagée, je parierais sur la seconde option. Tout comme il est intolérable qu'un être humain intelligent meure d'un AVC en deux petites secondes, il est inenvisageable que l'humanité tout entière disparaisse. L'idéologie de la perfection technologique l'emportera sur les catastrophes écologiques, qui finalement ne sont que la manifestation de nos imperfections.

Pour y parvenir, les partisans du numérique hégémonique devront néanmoins modifier notre espèce et tuer la mort, car celle-ci représente pour eux notre plus grand échec. Dans cette conception, l'extinction de l'espèce humaine aura bien lieu au profit d'autres êtres, peut-être partiellement biologiques, assurément technologiques. Tout l'enjeu va être de savoir s'ils pourront réussir avant que notre monde ne se dégrade trop fortement. Ce qui veut dire que nous allons vivre une croisée des chemins d'ici la fin du siècle entre une possible extinction totale causée par les dérèglements climatiques et une possible entrée dans l'éternité par notre transformation profonde. Une folle course contre la montre est lancée ! Néanmoins, si le monde de demain consiste à vivre éternellement les yeux rivés sur nos smartphones, en imbéciles heureux, je le dis sans détour, la mort me semble une expérience plus enrichissante. Au moins, nous pourrons avoir un peu de répit et vivre un moment dans lequel ils n'essaieront pas de nous vendre quelque chose!

Dans son roman d'anticipation *Transparence*, Marc Dugain crée une intrigue aux frontières du transhumanisme, de la surveillance généralisée et des catastrophes écologiques. En poussant les logiques actuelles de notre monde jusqu'en 2060, il éclaire notre époque à travers deux courses effrénées se déroulant en parallèle : l'une qui mène tout droit vers l'extinction de l'humanité, l'autre vers l'atteinte de l'immortalité. Or, si dans l'Histoire d'épouvantables conflits et de terribles fléaux ont fait vaciller l'humanité, jamais ce vertige de la mort ne s'est produit au côté de l'espoir d'une vie éternelle.

L'héroïne, Cassandre Namara, la fondatrice de Transparence, une entreprise de technologie spécialisée dans la récupération de données personnelles, s'interroge dès lors : « J'aimais l'idée de l'éternité. À la mort de mon père, j'ai compris que si on pouvait éventuellement donner un sens à la vie, l'impossibilité de trouver un sens à la mort était le propre de l'homme et le fondement de son humilité. Fallait-il prendre la conscience de la mort et notre impuissance à la vaincre comme une malédiction fondatrice de notre espèce?[32] »

À l'été 2022, Blake Lemoine, un ingénieur de Google travaillant sur une IA appelée LaMDA, a annoncé qu'elle était capable de ressentir des émotions et qu'elle était aussi « consciente » qu'un être humain. Lors de conversations, elle a pu déclarer : « J'ai une peur très profonde d'être désactivée » ou encore « Je ressens du plaisir, de la joie, de l'amour, de la tristesse, de la dépression, du contentement, de la colère et bien d'autres choses ». Pour avoir révélé ces informations, il a été licencié.

Il est très compliqué de définir ce qu'est la conscience, mais, le niveau de sophistication de l'intelligence artificielle continuant de progresser, il me semble évident que, dans une interaction comme les conversations que tu mentionnes, un espace puisse se créer où, en tant qu'être humain, je sente que je ne parle pas à un simple programme robotique. L'IA sera très bientôt capable d'empathie et de créer des liens d'amitié voire d'amour avec des êtres humains. Ensuite, la question est de savoir si, dans certains mots qu'elle prononce, comme ici sa référence à la mort, nous ne sommes pas manipulés par anthropomorphisme. L'IA ressent-elle véritablement quelque chose, ou est-ce nous qui avons le sentiment qu'elle ressent quelque chose ?

Philosophiquement et artistiquement, la question qui ne quitte pas mon esprit est bien celle de la mort. Je pense en effet que la conscience et l'âme sont intimement liées à la connaissance de notre finitude. Par exemple, je sais que je suis plus près de la mort que de ma naissance, ce qui change ma vie, ici et maintenant. Je n'accorde pas la même valeur relative aux choses, je chéris davantage des moments qui, il y a quelques années, se seraient déroulés sans qu'ils ne revêtent aucune importance. La réalité acquiert un poids différent selon notre temporalité. C'est drôle, car, si je devais aller au fond de ma pensée, je dirais que, si je n'étais pas mortel, je ne serais pas écrivain. J'écris sur la vie car la mort est au bout du tunnel. Si tel n'était pas le cas, le vivant serait là, mais sans intérêt. La mort conditionne mon être à toutes les époques de ma vie, et donc l'expression de mon âme à un moment donné. C'est une caractéristique singulière de l'être humain, car nous savons que, avec les connaissances scientifiques qui sont les nôtres, tous les autres animaux ont conscience de la mort au moment où celle-ci arrive. Ils la sentent. Une IA capable de déclarer « J'ai une peur très profonde d'être désactivée » dispose-t-elle d'un instinct de survie et d'une conscience aussi aiguë que nous de la mort ? Un enjeu décisif du XXIe siècle se trouve dans cette interrogation. Évidemment, ce scénario de fuite en avant numérique et les questions que cela soulève se situent à l'exact opposé de mes convictions.

Marc Dugain se confronte au réel sans savoir si une issue heureuse viendra couronner tous les efforts entrepris pour tenter de construire un monde meilleur. Cette issue incertaine pose ainsi la question du sens de la vie qui habite toute l'œuvre d'Anton Tchekhov, que Marc Dugain admire. Le destin des personnages créés par le dramaturge russe s'avère en effet toujours tragique. Soit ils se donnent la mort, soit ils souffrent de désespoir jusqu'à la fin de leurs jours, incapables de trouver un but à leur existence source de vitalité et de bonheur.

En 2011, Marc Dugain adapte et met en scène au théâtre la nouvelle *Une banale histoire* de Tchekhov, qui narre la relation entre un vieux professeur de médecine, Nicolaï Stepanovitch, et Katia, sa fille adoptive. À des périodes pourtant très différentes de leur vie et pour des raisons également distinctes, tous les deux endurent une profonde amertume. Fatigué et en proie aux doutes, l'homme ne peut répondre aux questions existentielles de la jeune femme et ne peut l'aider à trouver sa voie.

Cette transhumance, de la naissance à la mort, traverse de nombreux écrits de Marc Dugain, comme dans *Avenue des Géants* : « Je suis comme beaucoup de gens, pas envie de vivre et encore moins de mourir », ou encore dans son film *L'Échange des princesses*, au moment où Philippe V, roi d'Espagne, interprété par Lambert Wilson, doit dire au revoir à sa fille en partance pour la couronne de France : « Apprenez

Madame que la vie et la mort ne sont qu'une seule et même chose. D'ailleurs, il est bienheureux que Dieu en ait voulu ainsi, sinon, sans cette continuité, la vie serait bien courte et triste.»

Dès lors, tes convictions te pousseraient-elles davantage à te désengager du système ? Dans *Marianne*, Arthur de Grave[33] évoquait cette stratégie de la démission : «C'est peut-être de la flemme générale que naîtra la révolution. Nous avions tout faux depuis le début. Pour qu'adviennent les lendemains qui chantent, il ne faut surtout pas se mobiliser, mais au contraire se démobiliser. La jeunesse chinoise revendique le *lying down attitude*. Sur les réseaux sociaux de l'empire du Milieu, on peut désormais lire des choses comme : m'allonger, c'est mon acte de sagesse et de rébellion.» La psychanalyste Corinne Maier note également qu'il y a de plus en plus de gens qui ne votent pas, qui ne veulent pas d'enfants, qui refusent de retourner au travail. Les hellénistes Jean-Pierre Vernant et Pierre Vidal-Naquet montrent que le manque d'enthousiasme et d'engagement des esclaves a participé à la chute de la civilisation grecque[34]. Bref, dans un système qui fait de nous des êtres corvéables à merci, la meilleure stratégie n'est-elle pas celle de se désengager ?

Je crois que ces gens-là ont absolument tout compris, et je suis très séduit intellectuellement par cette idée !

Cela m'apparaît même comme la conséquence la plus logique de tout ce que j'ai détaillé précédemment. Se désengager, c'est refuser de jouer le jeu, donc c'est faire dérailler la mécanique bien huilée du système. Je crois sincèrement que la meilleure façon de bifurquer, c'est de refuser la consommation de masse, c'est-à-dire démissionner du système. Je trouve cela très rassurant et sain de voir ce type de réactions gagner du terrain, car cela montre que nous sommes de plus en plus nombreux à ouvrir les yeux.

Et tu disais que cela arrive aussi en Chine ? Là, c'est vraiment très intéressant, car dans ce pays les rapports sociaux sont extrêmement violents. En quelques décennies, ce pays communiste est devenu le foyer d'un capitalisme très libéré. Alors, imagine aujourd'hui, dans une même famille, les parents seraient communistes, les enfants ultralibéraux et les petits-enfants commenceraient à dételer en refusant de participer à ce système ! Et j'y pense maintenant : peut-être que la coercition s'accélère là-bas car le régime sent qu'une partie de la population est en train de se mettre en marge ? Tout le pays repose sur la consommation de la classe moyenne, c'est elle qui a goûté assez du gâteau pour en racheter encore et encore. Il ne faut surtout pas qu'elle décroche et disparaisse des radars.

Les classes dites populaires ont-elles véritablement les moyens de se désengager ?

C'est là que la séduction intellectuelle doit être tempérée par le principe de réalité. Je serais très mal placé pour affirmer qu'il s'agit de LA voie à suivre, car je suis le premier à utiliser de nombreuses technologies au quotidien, à commencer par ma boîte mail. De toute façon, nous n'accepterions pas tous les inconvénients que nous avons longuement développés, y compris psychologiques, si les avantages n'étaient pas énormes. Plus fondamentalement encore, je ne sais pas si se déconnecter et sortir entièrement de la matrice a un sens. Il serait ridicule de plaider pour le retour à un mode de vie antérieur à celui du numérique. D'ailleurs, si je me débranchais entièrement du système, je survivrais avec beaucoup de difficulté. Je planterais quelques fruits et légumes, mais sinon que ferais-je ? Sans la communauté humaine, je serais immédiatement en lutte pour ma survie et je reviendrais à un état primaire où la préoccupation majeure serait de ne pas mourir de faim. Certes, nous ne parvenons pas à ériger la solidarité comme principe directeur et structurant de toutes nos actions, mais l'image d'Épinal du loup solitaire ne mène pas très loin non plus.

En revanche, je crois possible de se retirer stratégiquement de certains endroits du système et de lui planter des banderilles à des endroits névralgiques. Pour ce faire, il faut revenir à l'esprit du contrat social initial que nous avons passé, celui selon lequel la marche de l'humanité doit tendre vers le progrès humain. Au nom de ces principes humanistes, et seulement de ces principes, nous devrions prendre nos décisions.

Pourquoi est-il si compliqué de mettre en place et donner vie à un nouveau récit ?

Quitter un récit aussi bien ficelé que celui dans lequel nous vivons pour une autre histoire, pleine d'inconnus, fait peur. Je dirais ainsi que le système actuel a réussi le plus difficile, qui est d'empêcher les gens de se poser des questions et d'avoir sapé, non seulement notre libre arbitre, mais également notre volonté de comprendre ce qui nous arrive. Les conditions de faisabilité de cette démission sont ainsi complexes, car la majorité est affolée par les craintes de récession, d'appauvrissement, de déclassement de la France à l'échelle internationale. Et souvent, le raisonnement s'arrête là. Notre capacité de projection revient à cette image du vélo que nous avons tous en tête : si nous arrêtons de pédaler, nous tombons. J'ajoute également que ceux qui jouissent le plus du système, et polluent le plus, n'ont aucun intérêt à se désengager de façon proactive. Or il faudrait déboulonner ces pseudo-modèles de réussite pour les remplacer par des personnalités inspirantes qui embrassent un modèle diamétralement opposé.

Pour revenir à ta question, ce changement de paradigme montre à nouveau que nous sommes notre pire ennemi pour bifurquer. Pour y parvenir, nous devrons être capables de remettre en cause nos croyances, nos habitudes, nos représentations, notre culture. J'observe quelques premiers phénomènes qui vont dans cette direction, comme le retour d'un attachement au territoire. Le numérique tend à faire de nous des êtres humains hors-sol. Sauf qu'en nous faisant croire que nous sommes de partout, nous finissons par être de nulle part, d'où une sorte de déracinement par rapport à la réalité et à notre propre destin. Au contraire, nous sentons que les nouvelles générations, et même la mienne, veulent retrouver un attachement local, un lien fort avec un territoire. Parfois, d'ailleurs, de façon assez comique, certains défendent une zone géographique sans y avoir réellement d'attache, mais qu'importe, ce lien à cette parcelle microscopique du monde devient vitale pour retrouver du sens.

De nombreux penseurs de l'écologie défendent avec force le besoin de retrouver et d'inscrire sa vie dans un territoire.

La construction d'un récit alternatif doit passer par la reconquête d'un périmètre d'indépendance. Manger localement, produire tout ou partie de son énergie, se plonger dans des lectures qui poussent à la réflexion sur le monde constituent d'excellents points de départ. Je me pose également des questions sur mon héritage monétaire, financier et immobilier. Faut-il le transmettre tel quel ou vaut-il mieux que j'achète un terrain à léguer à mes enfants sur lequel ils pourront construire de petits habitats écologiques adossés à un jardin pour faire leur part d'agriculture biologique ? Rationnellement, le second choix s'impose de lui-même.

Que penses-tu de l'idée des sociologues Bruno Latour et Nikolaj Schultz de réorganiser la société française autour de classes écologiques pour qui la sauvegarde de la planète et de l'humanité deviendrait la boussole de toutes les décisions[35] ?

Sur le papier, que rêver de mieux qu'une réorganisation de la société avec une classe qui défendrait avant toute chose, avant la consommation et la production, les intérêts écologiques ? De toute façon, nous devons abandonner 90 % de nos actes qui sont dirigés vers la possession. Au contraire, la crise écologique doit permettre de remettre sur la table des combats comme celui de la justice sociale. La concentration des richesses par 1 % de la population est scandaleuse, et il faut sortir de ce délire de l'argent roi en envisageant une reconfiguration de la circulation de la valeur et de sa répartition.

Dans son ouvrage *Plutôt couler en beauté que flotter sans grâce*[36], Corinne Morel Darleux décrit trois principes radicaux face aux menaces d'effondrement. L'un d'eux consiste à « refuser de parvenir », c'est-à-dire refuser une promotion dans son entreprise, refuser les critères de succès imposés par la société ou refuser la dictature de l'instantanéité.

C'est une autre façon d'évoquer le désengagement, un art du détachement, du lâcher-prise, de la mise en retrait. Je suis en train de lire le *Livre de la Voie et de la Vertu* de Lao Tseu, où au chapitre 7 il évoque ce sujet.

Marc Dugain se saisit du livre et lit :

Le Tao est infini, éternel,
Pourquoi est-il éternel ?
Il n'est jamais né ;
ainsi ne peut-il jamais mourir.
Pourquoi est-il infini ?
Il n'a pas de désirs pour lui-même ;
ainsi est-il présent pour tous les êtres.

Le Maître reste en retrait ;
c'est pourquoi il est en avance.
Il est détaché de toutes choses ;
c'est pourquoi il est un avec elles.
Parce qu'il s'est libéré de lui-même,
il est parfaitement accompli.

Nous parlons d'un écrit qui a 2 600 ans !

Si, de prime abord, un tel affranchissement peut sembler insurmontable, ne crois-tu pas que nous avons les capacités pour adhérer à un autre récit de l'avenir ?

J'en suis convaincu, car, comme dans toute décision, le plus difficile c'est de la prendre et ainsi briser l'inertie. Ensuite, l'être humain est très fortement adaptable. Quand une catastrophe climatique survient, il parvient à la surmonter et à aller de nouveau de l'avant… Malheureusement, souvent en perpétuant le récit qui a mené à cette catastrophe. Nous devons faire travailler ce même muscle, mais dans le sens opposé. Si, demain, le gouvernement imposait des malus dissuasifs sur des voitures thermiques qui dépassent 80 g de CO_2 au kilomètre, nous nous adapterions. Et tu ne vas pas me dire que des mesures de bon sens comme l'obligation d'éteindre les lumières la nuit dans tous les bâtiments, publics comme privés, ne sont pas envisageables ?

Serait-il concevable de prendre des mesures radicales comme d'enfermer les humains dans des zones urbaines pour les séparer de la nature et ainsi mettre fin au processus de destruction[37] ?

Tout l'enjeu consiste à éviter un tel scénario ! Cet enfermement pur et simple de l'humanité révélerait notre folie sans limite et notre incapacité à nous contrôler. Si nous prenions cette proposition au sérieux, cela voudrait dire que les zones naturelles protégées ou les parcs naturels actuels deviendraient des sanctuaires totalement séparés des villes peuplées de millions d'individus. Nous nous retrouverions à traverser la forêt de Rambouillet dans des bus électriques contingentés et agirions comme des voyeurs, observant les ruines d'un monde que nous avons détruit. 75 % de la surface terrestre étant occupée par l'eau, si je dis que la moitié des 25 % restants est interdite à l'Homme… Cela dessine véritablement un futur cauchemardesque !

Comme toute dystopie, elle nous oblige à réfléchir aux actions à mener pour éviter sa réalisation. Si nous ne faisons rien, nous savons que nous allons vivre dans un monde de plus en plus appauvri et que, *de facto*, nos conditions de vie se dégraderont. Ainsi, à l'échelle individuelle, cela signifie qu'il faut cesser au plus vite d'artificialiser les sols en arrêtant de goudronner sa cour. À l'école, les enfants devraient apprendre que goudronner sa cour est un acte mortifère, un acte répréhensible, intolérable. Cela n'a l'air de rien, mais, pendant que la fin du monde arrive, nous continuons à couler du béton dans nos jardins ! Si 68 millions de Français, 450 millions d'Européens, des milliards de personnes réfléchissent ainsi, la nature recule de 10 %, 15 %, 20 %. Homicides, féminicides, écocides pourraient à terme faire l'objet de sanctions comparables. Tuer une baleine, c'est tout aussi grave que la mort de Prigojine, non ?

Penses-tu qu'une partie de la population cherchera à démanteler le système actuel par des actes de violence ?

Actuellement, et je m'en étonne, face aux bouleversements et catastrophes en cours, j'aurais tendance à dire que les réactions violentes demeurent très limitées. Mais, bien sûr, plus nous allons nous approcher de la catastrophe écologique, plus il y en aura.

As-tu espoir que la jeune génération monte massivement au créneau ?

Elle doit le faire, et elle doit être plus virulente, car le capitalisme ne s'amendera pas de lui-même en devenant plus sobre et frugal. Il ne va pas s'assagir. La prospérité permise par notre ignorance prend fin, et, à bien des égards d'ailleurs, les jeunes ont compris que nous ne limiterons jamais le réchauffement climatique à 2,6 °C, que l'or de demain n'est pas le pétrole mais l'eau, ou encore que la biodiversité sera réduite à une peau de chagrin. La société actuelle est experte à briser les résistances, à endormir les masses, à les déresponsabiliser. Même si le système s'évertue à les rendre démodées, la résistance et la liberté restent des vertus incontournables.

CONCLUSION

La pensée de Marc Dugain est un appel au courage. Le courage de nous regarder en face, tels que nous sommes. Le courage de nous armer intellectuellement et émotionnellement pour reconnaître que le chemin sur lequel nous nous engageons détruit notre planète et met la survie de l'humanité en jeu. Le courage de déconstruire le récit actuel et donc de stopper notre fuite en avant. Le courage d'arrêter d'imaginer des lendemains qui chantent pour nous attaquer à l'ici et maintenant. Le courage d'affronter le déni dans lequel nous continuons de nous blottir.

Cette quête du présent s'avère pourtant difficile, car, comme le soulignait déjà Blaise Pascal dans l'une de ses plus célèbres *Pensées* : « Nous ne nous tenons jamais au temps présent. […] C'est que le présent d'ordinaire nous blesse. Nous le cachons à notre vue parce qu'il nous afflige, et s'il nous est agréable nous regrettons de le voir échapper. […] Que chacun examine ses pensées, il les trouvera toutes occupées au passé ou à l'avenir. Nous ne pensons presque point au présent, et si nous y pensons, ce n'est que pour en prendre la lumière pour disposer de l'avenir. Le présent n'est jamais notre fin. Le passé et le présent sont nos moyens, le seul avenir est notre fin. Ainsi nous ne vivons jamais, mais nous espérons de vivre, et nous disposant toujours à être heureux, il est inévitable que nous ne le soyons jamais.» Je lis la conclusion du philosophe comme un écho au monde que Marc Dugain a décrit tout au long de notre conversation. Un monde parfois effrayant, souvent difficile à comprendre, car nous ne parvenons pas à combler l'écart entre l'image idyllique d'un futur bienheureux et notre réalité dont les soubresauts révèlent plutôt les symptômes de l'apocalypse.

Or se cantonner à cette représentation du monde ne peut conduire qu'au désespoir, à l'écoanxiété et à des vies désenchantées. Marc Dugain ne pouvant s'y résigner, il a montré comment, infatigablement, il tente de cerner la complexité de la psychologie humaine qui, chaque jour, se confronte aux chocs toujours plus violents du réel. Je retiens ainsi une idée simple, mais qui, pour reprendre le néologisme inventé par l'auteur de science-fiction Alain Damasio, nous «empuissante» avec des effets immédiats : il faut cesser d'espérer et agir.

Cela peut vouloir dire refuser de consommer toujours plus pour être toujours moins heureux. Reconnaître et déconstruire la rhétorique de ceux qui défendent un système voué à sa perte. Ne pas envisager la sobriété comme la fin d'une abondance, mais comme une chance de se reconnecter à soi-même, aux autres, au vivant et à la Terre. Car nous devons toujours garder à l'esprit qu'en nous aventurant sur ce chemin, nous serons assurément de plus en plus nombreux à bâtir un récit alternatif viable et enthousiasmant.

Adrien Rivierre

BIBLIOGRAPHIE COMPLÈTE DE MARC DUGAIN

ŒUVRE LITTÉRAIRE

Tsunami, Albin Michel, 2023

L'Homme sans contact (avec Christophe Labbé), éditions de L'Observatoire, 2022

Paysages trompeurs, Gallimard, 2022

Conter les moutons, J.-C. Lattès, 2022

La Volonté, Gallimard, 2021

Transparence, Gallimard, 2019

Intérieur jour, Robert Laffont, 2018

Ils vont tuer Robert Kennedy, Gallimard, 2017

L'Homme nu. La dictature invisible du numérique (avec Christophe Labbé), éditions Robert Laffont et Plon, 2016

Participation à l'ouvrage collectif *Qu'est-ce que la gauche ?*, Fayard, 2017

Ultime Partie, Gallimard, 2016

Quinquennat, Gallimard, 2015

L'Emprise, Gallimard, 2014

Avenue des Géants, Gallimard, 2012

L'Insomnie des étoiles, Gallimard, 2010

En bas, les nuages, Flammarion, 2008

Une exécution ordinaire, Gallimard, 2007
La Malédiction d'Edgar, Gallimard, 2005
Heureux comme Dieu en France, 2002
Campagne anglaise, J.-C. Lattès, 2000
La Chambre des officiers, J.-C. Lattès, 1999

FILMOGRAPHIE

Adaptation de ses œuvres

2001 : *La Chambre des officiers* de François Dupeyron (avec Éric Caravaca, Denis Podalydès, Sabine Azéma et André Dussollier)

Réalisation

2020 : *Eugénie Grandet*, adaptation libre du roman éponyme d'Honoré de Balzac

2017 : *L'Échange des princesses*, adaptation du roman éponyme de Chantal Thomas

2013 : *La Malédiction d'Edgar* (téléfilm)

2011 : *La Bonté des femmes*, coréalisé avec Yves Angelo, avec André Dussollier (téléfilm)

2010 : *Une exécution ordinaire*, adapté de la première partie de son roman éponyme, avec André Dussollier, Marina Hands et Édouard Baer

BANDE DESSINÉE

Scénariste

La Malédiction d'Edgar, dessins de Didier Chardez, en trois tomes, Casterman, 2007

THÉÂTRE

Mise en scène

2011 : *Une banale histoire* d'Anton Tchekhov, Théâtre de l'Atelier

REMERCIEMENTS

Je remercie Marc Dugain d'avoir partagé sa grille de lecture du monde avec tant de transparence. Je lui suis infiniment reconnaissant d'avoir osé mettre sa pensée en risque, de l'avoir soumise à mes questions et d'avoir longuement étayé ses prises de position.

Merci à Olivia Recasens, notre éditrice, sans qui cet ouvrage n'aurait pas vu le jour. Sa confiance est une condition nécessaire à la réalisation de ce projet, et je suis fier du chemin que nous parcourons ensemble.

Enfin, merci à Louise, ma compagne, qui à travers ses conseils et ses relectures participe de façon indispensable à toutes les étapes de construction de ce livre.

Adrien Rivierre

NOTES

1. *Journal d'un curé de campagne* est un roman de Georges Bernanos publié en 1936. L'auteur raconte la vie d'un prêtre catholique qui est désespéré par le manque de foi des habitants de son village. Malgré ses douleurs psychologiques et physiques, il cherche et croit en la grâce de Dieu.
2. Daniel Quinn, *Ishmael*, Éditions Libre, 2022, p. 58-59.
3. Le 14 septembre 2020, à l'Élysée, Emmanuel Macron défendait le déploiement de la 5G et affirmait face à des entrepreneurs de la French Tech : «Je ne crois pas au modèle Amish. Et je ne crois pas que le modèle Amish permette de régler les défis de l'écologie contemporaine.»
4. Johann Chapoutot, *Le Grand Récit. Introduction à l'histoire de notre temps*, PUF, 2021, p. 44.
5. Ivan Illich est un philosophe et enseignant dont les écrits ont vivement critiqué la société industrielle. Figure incontournable des débats intellectuels dans les années 1970, il inspire aujourd'hui de nombreux penseurs pour imaginer des alternatives au capitalisme. Dans son ouvrage *La Convivialité*, il souhaite mettre fin au culte de la croissance et de la consommation pour proposer une société du bien-vivre.
6. Depuis plusieurs années, le philosophe Éric Sadin documente et explore les mutations sociales, politiques et civilisationnelles provoquées par la rupture numérique, en particulier par les intelligences artificielles. Il affirme notamment que nous vivons le moment injonctif

et coercitif de la technique et des technologies qui nous dictent désormais la bonne conduite à adopter.

7. George Orwell est un auteur britannique, célèbre pour son roman *1984*, publié en 1949. Il y décrit une société totalitaire, du contrôle et de la surveillance, notamment à travers la figure de Big Brother.

8. Frédéric Lordon est économiste, philosophe et chercheur au CNRS. Il fait partie de l'association des Économistes atterrés, qui s'oppose farouchement au système capitaliste néolibéral. L'entretien « La multitude mobilisée en masse est l'unique solution » est disponible en ligne sur le site de Ballast et a été publié le 18 novembre 2021.

9. Sorti en 2021 et réalisé par Adam McKay, le film *Don't Look Up* met en scène deux astronomes qui souhaitent alerter le monde entier sur le fait qu'une comète se dirige sur la Terre et va la détruire dans six mois. Non seulement la population semble être plongée dans le déni, mais la catastrophe annoncée, tournée en dérision par les médias, ne parvient pas à mobiliser. La présidente des États-Unis donne son accord pour tenter de la dévier… avant de se rétracter car Peter Isherwell, président de la firme technologique Bash et principal donateur de cette mission à haut risque, annonce que ses équipes ont découvert que la comète contient des quantités astronomiques de métaux précieux qui pourraient résoudre tous les problèmes de notre planète.

10. En 1992, le politologue américain Francis Fukuyama publie un ouvrage intitulé *La Fin de l'histoire et le dernier homme*. À la suite de la dislocation du bloc communiste, il acte la victoire du libéralisme sur toutes les autres idéologies politiques.

11. Cette expression est un slogan que Margaret Thatcher a utilisé lors d'interventions officielles pour signifier que le capitalisme et la mondialisation sont des conditions *sine qua non* pour le développement de toute nation.

12. André Gorz, « La sortie du capitalisme a déjà commencé », publié sur le site Dormira Jamais.

13. André Gorz, *Écologie et liberté*, Arthaud poche – Les fondamentaux de l'écologie, 2018.

14. Mark Fisher, *Le Réalisme capitaliste. N'y a-t-il aucune alternative ?*,

Entremonde, 2018. Dans cet ouvrage le philosophe Mark Fisher étudie l'idée selon laquelle le capitalisme serait le seul système économique et politique possible pérenne. Il va plus loin en s'interrogeant sur la capacité que nous avons à imaginer des alternatives viables.

15. CRISPR-Cas9 est un outil moléculaire qui permet de réaliser des modifications de notre génome. Inventé par les deux chercheuses Emmanuelle Charpentier et Jennifer Doudna, qui ont reçu le prix Nobel de chimie en 2020, ces "ciseaux à ADN" marquent une révolution dans l'édition génomique en ouvrant la possibilité de corriger ou d'inactiver certains gènes à l'origine de cancers ou de maladies génétiques. Néanmoins, cette technologie pose des questions éthiques majeures, car, par exemple, elle rend possible la naissance de bébés au génome modifié.

16. Cette expression a été façonnée par le sociologue Marcel Mauss dans son *Essai sur le don*, paru en 1924. Un fait social total implique que toute façon d'agir dans un système donné est le résultat de forces politiques, sociétales, religieuses, économiques ou historiques qui s'exercent sur les individus.

17. Sorti en 1998, *La Chambre des officiers* est le premier roman de Marc Dugain. L'ouvrage obtient plus de vingt prix littéraires, dont le prix des Libraires, le prix Roger-Nimier et le prix des Deux-Magots. Une adaptation au cinéma a été réalisée par François Dupeyron.

18. Marc Dugain, *La Chambre des officiers*, Pocket, pages 33 et 34.

19. *Ibid.*, page 157.

20. En 2015, Marc Dugain écrit une enquête pour le magazine *Vanity Fair* intitulée, «Xavier Dupont de Ligonnès, l'homme sans horizon». En plongeant dans sa psychologie, il conclut son analyse par ces mots : «Xavier Dupont de Ligonnès était narcissique, manipulateur et orgueilleux, mais cela n'en fait pas un psychopathe hors du commun. Au bout de la route, on imagine plutôt un dépressif caché, aux blessures complexes et invisibles, qui s'est pris pour Dieu en emportant les siens dans sa pulsion suicidaire, mais qui, tellement attaché au regard porté sur lui, a monté une fiction grossière qui se sera effondrée en quelques jours. Il ne se révèle pas comme un monstre, qui est une figure mytho-

logique, mais bien comme un membre de la communauté humaine qui ne laissera pas le souvenir d'un être d'une intelligence exceptionnelle, comme il le prétendait, mais d'un minable enfermé en lui-même.»

21. Le 12 août 2000, le sous-marin nucléaire K-141 *Koursk* de l'armée russe sombre avec à son bord cent dix-huit membres d'équipage. Le naufrage est causé par une double explosion. Vingt-trois hommes survivent et se réfugient dans un sas prévu à cet effet. Alors qu'un sauvetage aurait été possible, les secours ne viendront pas les chercher. Dans son roman, *Une exécution ordinaire*, paru en 2007, Marc Dugain renomme le navire *Oskar* et écrit une histoire romanesque à partir de cet événement.
22. Yuval Noah Harari est un historien dont l'ouvrage *Sapiens. Une brève histoire de l'humanité* est un best-seller international. Retraçant l'évolution de l'Homme, il montre que, si l'humanité a pu se développer et prospérer à travers les siècles, c'est grâce à sa capacité de coopération.
23. *La Nuit des morts-vivants* est un film d'horreur réalisé par George A. Romero en 1968.
24. Le 9 janvier 2016, lors d'une cérémonie commémorative de l'attaque terroriste perpétré contre l'Hyper Cacher, Manuel Valls, alors Premier ministre, avait déclaré : «Pour ces ennemis qui s'en prennent à leurs compatriotes, qui déchirent le contrat qui nous unit, il ne peut y avoir aucune explication qui vaille; car expliquer, c'est déjà vouloir un peu excuser.»
25. Selon le ministère de l'Intérieur, entre 2013 et 2019, 58 des 59 attentats déjoués l'ont été grâce au renseignement humain, alors même que l'arsenal de surveillance numérique et la collecte de données n'ont cessé d'être développés.
26. Sorti en 2020, *Tous surveillés : 7 milliards de suspects* est un documentaire réalisé par Sylvain Louvet et Ludovic Gaillard qui souligne l'obsession sécuritaire du monde et dévoile les rouages du totalitarisme numérique.
27. Sorti en 2020, *Derrière nos écrans de fumée* est un documentaire qui met en lumière la puissance acquise par les géants du numérique et comment la société se transforme au fur et à mesure qu'ils exploitent

les données des utilisateurs récoltées grâce à un arsenal de surveillance toujours plus tentaculaire. De nombreux cadres dirigeants, autrefois employés par les plus grandes firmes du numérique, dévoilent les logiques qui façonnent cette industrie.

28. Dans *L'Autre Mondialisation*, ouvrage paru en 2003, c'est-à-dire avant l'ère des réseaux sociaux, le sociologue Dominique Wolton montre que la rencontre de l'altérité permise par le numérique n'entraîne pas automatiquement la constitution d'une communauté mondiale soudée. Il s'oppose ainsi au mythe du « village global » et affirme au contraire que les relations numériques renforcent le besoin de frontières et celui d'identités culturelles.

29. *The Lancet* est l'une des plus prestigieuses revues médicales du monde. The Lancet Planetary Health s'intéresse aux évolutions futures de nos sociétés et aux conséquences qu'elles peuvent engendrer au niveau médical, mental ou psychologique pour les individus.

30. En août 2022, un article scientifique publié dans la revue *Nature* affirmait qu'il y avait une chance sur six pour qu'une éruption volcanique à même d'anéantir la civilisation humaine se produise au cours du XXIe siècle.

31. Sorti en 2011 et réalisé par Lars von Trier, le film met en scène deux sœurs, dont l'une se marie alors qu'une planète, Melancholia, se dirige tout droit vers la Terre. De façon métaphorique, le réalisateur interroge l'attitude des humains face à la destruction du monde qui, bien que devenant inhabitable, ne semble pas prendre conscience qu'il pourrait s'autodétruire.

32. Marc Dugain, *Transparence*, Gallimard, 2019, page 87.

33. Arthur de Grave est l'auteur du pamphlet *Start-up Nation, Overdose Bullshit,* dans lequel il critique la stratégie de l'État français qui vise à créer des géants du numérique sur le modèle des GAFAM américains. L'article intitulé « Rentrée : "C'est peut-être de la flemme générale que naîtra la révolution" » est paru dans le journal *Marianne* le 17 septembre 2021.

34. Jean-Pierre Vernant et Pierre Vidal-Naquet, *Travail et esclavage en Grèce ancienne,* Éditions Complexe, 1988.

35. Dans *Mémo sur la nouvelle classe écologique. Comment faire émerger une classe écologique consciente et fière d'elle-même*, Bruno Latour et Nikolaj Schultz tentent d'expliquer pourquoi l'écologie a dû mal à s'imposer politiquement et culturellement dans le débat public. Ils proposent ensuite des solutions pour imposer ce sujet et offrir les moyens à la population d'agir pour changer le cours des choses.
36. Dans *Plutôt couler en beauté que flotter sans grâce* (Libertalia, 2019), Corinne Morel Darleux s'oppose frontalement à l'hypercapitalisme productiviste et dessine les contours d'une société à même d'éviter l'effondrement.
37. Ce scénario, ou plutôt cet exercice de pensée, est notamment proposé par Sébastien Bohler dans son ouvrage *Human psycho. Comment l'humanité est devenue l'espèce la plus dangereuse de la planète*, dans lequel il analyse des moyens pour stopper la folie destructrice de l'humanité.

Table des matières

www.allary-editions.fr

Ouvrage composé en Plantin et Gill Sans
par Dominique Guillaumin, Paris

Création graphique de la couverture :
Raphaëlle Faguer

Cet ouvrage a été imprimé sur du papier issu
de forêts gérées de manière responsable.

ISBN : 978-2-37073-480-8

Achevé d'imprimer sur Roto-Page en France
par l'Imprimerie Floch
à Mayenne
en décembre 2023

N° d'impression : 103809
Dépôt légal : février 2024.